ତଥାପି ଆସିବ ଫେରି

ତଥାପି ଆସିବ ଫେରି

ସନ୍ତୋଷ କୁମାର ନାୟକ

ବ୍ଲାକ୍ ଈଗଲ୍ ବୁକ୍ସ
ଭୁବନେଶ୍ୱର, ଓଡ଼ିଶା

BLACK EAGLE BOOKS
Dublin, USA

ତଥାପି ଆସିବ ଫେରି / ସନ୍ତୋଷ କୁମାର ନାୟକ

ବ୍ଲାକ୍ ଈଗଲ୍ ବୁକ୍ସ : ଭୁବନେଶ୍ୱର, ଓଡ଼ିଶା • ଡବ୍ଲିନ୍, ଯୁକ୍ତରାଷ୍ଟ୍ର ଆମେରିକା

BLACK EAGLE BOOKS

USA address:
7464 Wisdom Lane
Dublin, OH 43016

India address:
E/312, Trident Galaxy, Kalinga Nagar,
Bhubaneswar-751003, Odisha, India

E-mail: info@blackeaglebooks.org
Website: www.blackeaglebooks.org

First & Second Edition 2014

First International Edition Published by
BLACK EAGLE BOOKS, 2024

TATHAPI ASIBA PHERI
by **Dr. Santosh Kumar Nayak**

Copyright © **Dr. Santosh Kumar Nayak**

All rights reserved. No part of this publication may be reproduced, stored in a retrieval system, or transmitted, in any form or by any means, electronic, mechanical, photocopying, recording or otherwise without the prior permission of the publisher.

Cover & Interior Design: Ezy's Publication

ISBN- 978-1-64560-608-6 (Paperback)

Printed in the United States of America

ଦେବାପାଇଁ ତ ମୋ'ପାଖରେ କିଛି ବୋଲି
କିଛି ହେଲେ ନାହିଁ;
ତୁମକୁ ନା ତୁମର ଆରପାରି- ଦରଦୀବନ୍ଧୁଙ୍କୁ।
ଏଣୁ ଖାଲି ଦେଉଛି ମୁଁ ଶବ୍ଦାଂଜଳି
ଭରି ମୋର ହୃଦୟର ଛୋଟିଆ ଅଳିନ୍ଦ
ହେ ମହାକାଳର ମହାକଳାକାର,
ଆହେ ମହାକବି!
ଆହେ ପ୍ରଭୁ ଶିରୀମୟ ଜଗତରନାଥ,
ଏଇ ମୋର ତୁଚ୍ଛ ଭେଟି- ମୋ'ର ଅଜ୍ଞାନର
ଶବ୍ଦ ବି ତୁମର ଆଉ ଅର୍ଥ ବି ତୁମର
ଲେଖନୀ-କାଗଜ-ଶ୍ୱାସ-ମସୀ ବି ତୁମର
ପ୍ରୟାସ ତୁମରି ଏବି ଖାଲି ଯାହା ଅହଂକାର ମୋର
ତମରି ହବନେ ଆଜି ଦେଉଛି ଆହୂତି
ନାହିଁ କିଛି ମାଗିବାର, ପାଇବାର ଇଚ୍ଛା
କେବଳ ଏତିକି ଖାଲି କରୁଛି ଗୁହାରି
ଦିଅ ତାଙ୍କୁ ଏଇ ପଥେ, ଏଇ ଯାତ୍ରାପଥେ
ସୁସ୍ଥ ଓ ନିରୋଗ କରି ଆୟୁଷ୍ମାନ କରି
ଲେଖନୀ ଧରାଇଦେଇ- ଶବ୍ଦ ଦେଇ
ଦିଅ ହେ **ଶ୍ରୀଜଗନ୍ନାଥ** ଏଠାକୁ ଫେରାଇ।
ଏତିକି ମିନତି ମୋର ଏତିକି ପ୍ରାର୍ଥନା
ଲୋଡ଼ାନାହିଁ ଆଉ କିଛି ସମ୍ମାନ-ସ୍ୱୀକୃତି
ସାଦରେ ଶ୍ରଦ୍ଧାରେ ଘେନ ମୋର ଏଇ
ଭିନ୍ନ ଅଭ୍ୟର୍ଥନା।

– ସନ୍ତୋଷ

ନିବେଦନର ଥରେ ପ୍ରତିଥର

ରଂକ ବା କିଦେବ ଉପହାର ରାଜାଠାରେ ? କିଦେବି ଗୋ ତୁମକୁ ମୁଁ ପାରିବି କି କିଛି ହେଲେ ଦେଇ ? ଶବ୍ଦ ନଦୀ ମିଶିଯିବା ଶବ୍ଦର ସାଗରେ- ଏତ ଏକ ପରଂପରା, ସ୍ୱାଭାବିକ୍ କଥା । ଏଥିରେ ବା ଉପହାର କ'ଣ ଅଛି ? କ'ଣ ଅଛି ଏଥିରେ ବା ବଡ଼ କିଛି କଥା ? ବରଂଚ ନଦୀଟି ହୁଏ କୃତକୃତ୍ୟ, ଭରିଉଠେ, ପୂରିଉଠେ ଆନନ୍ଦରେ ଗର୍ଭିତା'ର ଲାଭକରି ଶବ୍ଦର ସେ ସମୁଦ୍ର ସାନ୍ନିଧ୍ୟ । ଏହାବୋଧେ ଜୀବନରେ ତା'ର ସବୁଠାରୁ ବଡ଼ ସଫଳତା । ନଚେତ୍ କେଉଁଠି ମିଳେ ଏତେ ଶ୍ରଦ୍ଧା, ଏତେଟା ଆନନ୍ଦ ! କେଉଁଠି ବା ମିଳିଥାଏ ପ୍ରତିଦିନ ଏପରି ସୁଯୋଗ ? ରଂକ ଆଜି ରଂକ ଅଛି ବାସ୍ତବରେ, ତୁମବିନା ହୋଇଅଛି ଆହୁରି ରଂକୁଣ; ସତେ ଆସ, ଫେରିଆସ ଦେଖିଯିବ ତୁମର ଏ ସନ୍ତାନର-ଶିଷ୍ୟର-କରୁଣ ଅବସ୍ଥା ।

ସନ୍ତୋଷ କୁମାର ନାୟକ

ବିକାଶନଗର
ବାଲେଶ୍ୱର, ଓଡ଼ିଶା
ତା.୦୨.୦୬.୨୦୧୪ ରିଖ

ଏ ଶୂନ୍ୟକୋଠରୀ ଆଜି ତୁମଲାଗି, ତୁମ ବିନେ ଶୂନ୍ୟତା ଲାଗି।

ପୂର୍ବ-ପ୍ରତ୍ୟୟ

ମୁଁ ଜାଣେ, ମୁଁ କବିତା ଲେଖିବା ଜାଣିନି, ମୁଁ ବୁଝିଛି, ମୁଁ କବିତା ବୁଝିଶିଖିନି, ମୁଁ କବିତା ଦେଖିଛି ଶୁଣିଛି ବୋଲି କହି ମଧ୍ୟ ପାରିବିନି। ମୁଁ ଏଗୁଡ଼ାକ କ'ଣ ଯେ ଲେଖିଛି ମୁଁ ବି ଜାଣିନି। ସତରେ କହିବାକୁ ଗଲେ ଏଗୁଡ଼ାକ ଶବ୍‌ଦକି ନୁହେଁ ମଧ୍ୟ ମୁଁ ସନ୍ଦିହାନ। କାରଣ ଶବ୍‌ଦର ସଂଜ୍ଞା ମଧ୍ୟ ମୋତେ ଜଣାନଥିଲା ଏଗୁଡ଼ାକ ମାଡ଼ିବା ବେଳେ ଝରୁଥିବା ବେଳେ। ମୁଁ ଖାଲି ସଂଗ୍ରହ କରିଛି ସେଇ ଗୁଡ଼ାକୁ। ଆପଣ ହିଁ କହିପାରିବେ ସେଗୁଡ଼ାକ ପ୍ରକୃତରେ କ'ଣ। ତା'ର ଅନ୍ୟ ଏକ କାରଣ ହେଲା ଆପଣ ହେଉଛନ୍ତି ମୋ ଆଇନା ବା ମୁକୁର ସଦୃଶ। କଲେରିଜ୍‌ଙ୍କ best words in best order ନହୋଇପାରେ ଏସବୁ ଶବ୍‌ଦ, କିନ୍ତୁ ଓ୍ୱାର୍ଡ଼ସ୍‌ଓ୍ୱର୍ଥଙ୍କ spontaneous over-flow of feelings, emotion recollected in tranquility ନିଶ୍ଚିତ ହୋଇପାରିବ। ଅବଶ୍ୟ ସେଇଥିପାଇଁ ମୋ ଅନୁଭୂତିକୁ ଶକ୍ତିଶାଳୀ ବୋଲି ମୁଁ ଦାବିକରି ବସୁନାହିଁ। ସେଥିପାଇଁ ଓ୍ୱାର୍ଡ଼ସଓ୍ୱାର୍ଥଙ୍କ ବକ୍ତବ୍ୟରେ ଏଠାରେ powerful ଶବ୍‌ଦଟି ହିଁ ନାହିଁ। କବିତାକୁ ମୁଁ ଜାଣିପାରିବି କି ନାହିଁ କହିବା ମଧ୍ୟ ମୋ'ର ସାଧ୍ୟାତୀତ।

ଶ୍ରଦ୍ଧାଞ୍ଜଳି ମାନେ ଯେ କବିତା ହେବ ତା'ର ତ କୌଣସି ମାନେ ନାହିଁ। କବିତା, ତା' ଜାଗାରେ ଥାଉ। ସେ ବଡ଼ କଥା। ଆପଣମାନେ ଏଗୁଡ଼ାକୁ ଶବ୍‌ଦାଂଜଳି ବୋଲି ଭାବିନିଅନ୍ତୁ। ଅବଶ୍ୟ ମହାମତି ଆପଣମାନେ ଏହାକୁ ନିଶ୍ଚିତ ଅଭିଧାନ ଭାବିବେ ନାହିଁ- ଏ ବିଶ୍ୱାସ ମୋର ଅଛି। କେତେକେ ଏଗୁଡ଼ାକୁ କବିତା ବୋଲି ମଧ୍ୟ ସ୍ୱୀକୃତି ଦେବେ ନାହିଁ, ମାତ୍ର ସେସବୁ ନିଶ୍ଚିତ ବିଦ୍ୱେଷ ଓ ଈର୍ଷାରୁ ଜାତ ବକ୍ତବ୍ୟ। ଆପଣ ଭାବୁଥିବେ ହଠାତ୍ ଏପରି କାହିଁକି ଗପିବା ଆରମ୍ଭ କଲିଣି ବା ବକିବା ଆରମ୍ଭ କଲିଣି। କାରଣ ଏ ସମସ୍ତ କବିତା ରଚନାର ଅବଧି, ମୁଁ କହିରଖେ, ଅତି ଅଳ୍ପରୁ ଅଳ୍ପତର। ହଁ, ଆପଣମାନେ ଗ୍ରହଣ କରିବା ବା ମୋତେ ସ୍ୱୀକୃତି ଦେବାପାଇଁ ମୁଁ ଏଇଟା କରିନି। ଏଇଟା ମୋ ଆତ୍ମସନ୍ତୋଷ। ଏଇଟାକୁ ଆପଣମାନେ ବୋଧହୁଏ ବୁଝିପାରିବେନି। କାରଣ ଯେଉଁମାନେ 'କବିତା'ର ଉପରୋକ୍ତ ସଂଜ୍ଞା ସହ ଏକମତ

ଥିବେ ସେମାନେ ଅବଶ୍ୟ ଏକଥା ମାନିବେ ଯେ ଏହା ଯଦି ମୋ'ର ବ୍ୟକ୍ତିଗତ ଆବେଗରୁ ଜାତ, ଆବେଗର ଫଲ୍‌ଗୁ ଏଠି ପ୍ରବାହିତ, ତେବେ ସେଠାରେ ସେମାନଙ୍କର ବୁଝିବାର କିଛି ନାହିଁ। କାରଣ କବିତା ଯେଉଁପରି ଆବେଗ ମଧ୍ୟ ସେହିପରି। ଦୁଇଟାଯାକ ଜିନିଷ ଏକାକଥା। ଏଣୁ ସେମାନେ ଜାଣିସାରିବେଣି ଯେ, ସେମାନେ ଏହାକୁ ଜାଣିପାରିବେ ନାହିଁ। ସେମାନେ ବୁଝିସାରିବେଣି ଯେ, ଏଗୁଡ଼ାକୁ ସେମାନେ ବୁଝିପାରିବେ ନାହିଁ।

କବିତା ଯେ ନୀରସ, କଠୋର ହୃଦୟରୁ ବାହାରି ପାରେନା ? ତେବେ ଝରଣାର ଜନ୍ମ ହୁଏ କିପରି, କେଉଁଠାରୁ, କାହା ଛାତି ଚିରି ? କବିତା ଓ ଝରଣା ମଧ୍ୟରେ ଆପଣ ପ୍ରଭେଦ ବାରିପାରିବେ ନିଶ୍ଚିତ, କିନ୍ତୁ କେତେଟା ? ଝରଣା ପ୍ରବହମାନ। କବିତା ପ୍ରବହମାନ। ଝରଣା ନାରୀଟିଏ। କବିତା ନାରୀଟିଏ। ଉଭୟରେ ଭଗିନୀ, ଜନନୀ, ଜାୟା, ମାତାମହ ଆଦି ଶବ୍ଦର ଜୀବନ୍ତ ସଂଜ୍ଞା ରହିଛି। କବିତା କେତେବେଳେ ନଦୀ, କେତେବେଳେ ଝରଣା। କବିତାକୁ ଦନ୍ତୁରତା ରୋକିପାରେନା। ମୋତେ ମଧ୍ୟ ଶତବାଧା-ବିଘ୍ନ ଆସିଛି। ମାତ୍ର ସବୁକୁ ଛାଡ଼ି ମୋର ବାଟ କାଟି (ହେଉପଛେ ଅଙ୍କାବଙ୍କା ମାନଚିତ୍ର ତା'ର ହେଉପଛେ କ୍ଷତମୟ ସାରାଦେହ ତା'ର, ହେଉପଛେ ମନ ତା'ର ଶତବାର ଚୂନା, କେବେ ସେ ନପାରେ ଛାଡ଼ି ତ୍ୟାଗ ଆଉ ରଫା, ଯିବାଯାଏଁ ଶେଷରେ ଶ୍ମଶାନ, ନାହିଁ ତା'ର ଅବସାନ ଏଥୁ, ଥିବାଯାଏ ପିଣ୍ଡେ-ପ୍ରାଣ-ଏହା ତା'ର ପ୍ରଣ।) ମୁଁ ଚାଲିଯାଇଛି। ବାସ୍ତବରେ ମୁଁ ନୁହେଁ, ମୋ'ଚିନ୍ତା, ଉକୁଟି ଆସୁଥିବା ଆବେଗ ଓ ଦରଦ ଲଜ୍ଜ୍ୟାଶୀଳା ରମଣୀଟେ ପରି ମଥାପାତି, ହାତେଲମ୍ବ ଓଢ଼ଣାଟା ଟାଣି ବାଟକାଟି ଯାଇଛନ୍ତି ଚାଲି। ଏଣୁ କବିତାର ମାନଚିତ୍ର ଯେ ଅଙ୍କାବଙ୍କା ସେକଥା ଜାଣିହୁଏ। ପୁଣି କବିତାର ମାନଚିତ୍ରରେ ଗତିପଥ ଯେତେ ଅଙ୍କାବଙ୍କା ସେଥିରୁ ମାଲୁମ୍ ହୁଏ ତା'ର ପଥର ଦନ୍ତୁରତା ଆଉ ଅସମାନତା। ତେବେ ସୁଧୀ-ବିଦଗ୍ଧମାନଙ୍କୁ ଏହି ବହିଟି ମୋର ଲାଗିଲା ବୋଲି କହୁନି। କାରଣ ଏହା ମୋର ଏକାନ୍ତ ଶ୍ରଦ୍ଧାଞ୍ଜଳି।

ସମୁଦାୟ ପୁସ୍ତକଟିର ରଚନାକାଳ ଆପଣ ନିର୍ଣ୍ଣୟ କରିବା କଥା- ଏ ମୁଖବନ୍ଧ ଶେଷରେ ପହଞ୍ଚି ଭାବିବେ ଅବଶ୍ୟ। ଏହାକୁ ଏହିଠାରୁ ସ୍ପଷ୍ଟ କରିଦେଉଛି। ମୋର ପୂଜ୍ୟ ଗୁରୁଦେବ ଡକ୍ଟର ରଥ ମହୋଦୟ ଚାଲିଯିବା ଖବର ପାଇଲି ଛ'ଟା ସତର (ସଂଧ୍ୟା) ସମୟରେ। ଅପରାହ୍ଣରେ ମନଟା କେମିତି କେଜାଣି ଘାଣ୍ଟି ହେଉଥିଲା। ଦୁଇ-ଚାରିଜଣ ବନ୍ଧୁମୋର ପଚାରିଛନ୍ତି- "କଣ ହେଇଛି, ଆଜି କ'ଣ ମନଟା ଭାରି ଶୁଖିଲା ଶୁଖିଲା ଲାଗୁଛି ?" ମୁଁ ଉତ୍ତର ଦେଇଥିଲି- "ପାଗଟା ଭାରି ଖରାପ ଲାଗୁଛି ତ ସେଇଥିପାଇଁ ବୋଧେ.."। ସେମାନେ ହସିଲେ। କହିଲେ- "ଆପଣ ଠିକ୍ କରି

ଜାଣନ୍ତି ତ?" "ନା ଆଉ କିଛି?" ମୁଁ କି ଜାଣିଥିଲି? ଏସବୁ ଆତ୍ମାର ଆକର୍ଷଣ। ଆପଣ ଏକଥାଟାକୁ ନେଇ ଏତେ ଗୁରୁତ୍ୱ ଦେଇନଥିବେ। କାରଣ ଏକଥାକୁ ଆପଣ ଆଦୌ ବିଶ୍ୱାସ କରୁନଥିବେ। ଅଥଚ ଆପଣ ବିଶ୍ୱାସ କରୁଥିବେ ଆତ୍ମା ଆମ ଶରୀରେ ଅଛି। ଯଦି ଏହା ସତ, ତେବେ କୁହନ୍ତୁ ତ, କେବଳ କଅଣ ଦେହ ସବୁବେଳେ ଅନୁଭବ କରିବ? ଦେହରୁ କ'ଣ ଅନୁଭବର ଆରମ୍ଭ ଓ ଶେଷ? ନା। ଆତ୍ମାବି ବେଳେବେଳେ ଅନୁଭବ କରେ। ଟେଲିପାଥି ବୋଲି କିଛି ଜିନିଷ ବି ଅଛି। ତାକୁ ଆପଣ Co-incidenceର ଛାପଦେଇ ଦାବିଦେଲେ ଚଳିବ ନାହିଁ।

ସେ ଯାହାହେଉ ପଛକେ ମନଟା ସେଉଠୁ ଆଉ ଭଲ ଲାଗିଲାନି। ଏସବୁ ବଖାଣିନି କାହା ଆଗେ। ଯାଇନି ଥରେବି କେଉଁ ସ୍ମୃତିସଭା ବା ଅନ୍ତ୍ୟେଷ୍ଟି କ୍ରିୟାକୁ। ଖାଲି ନୀରବ ରହିଛି। ବୋଧେ ସେଇ ନୀରବତା ଜନ୍ମଦେଲା ଏସବୁ ଶବ୍‌ଦକୁ (ଆପଣ ତାକୁ ଶବ୍‌ଦ କୁହନ୍ତୁ କି କବିତା-ସେଥିରେ କିଛି ଯାଏଆସେ ନାହିଁ।) ରାତି ବୋଧେ ହୋଇଥିଲା ତିନିଟା କି ଚାରିଟା। ଭଲ ଲାଗିଲାନି। ଅନ୍ଧାରରେ ବସିଲି। ପ୍ରାୟ ପାଞ୍ଚ-ସାତ ମିନିଟ୍। ଲାଇଟ୍ ଦେଲି। କଲମଟେ ଧରିବସିଲି। ମୋ ବିଛଣା ଉପରେ ହିଁ କଲମ, କାଗଜ ସବୁବେଳେ ଥାଏ। ମୋ ହାତକୁ ମୋ ଲେଖନୀ ଯେଉଁବାଟେ ଟାଣିନେଲା, ମୁଁ ଚାଲିଲି ଅନ୍ଧଭାବେ ସେଇବାଟେ ବାଟେ।

ଦେଖିଲି ଶବ୍‌ଦ ସବୁ ବସିଛନ୍ତି ହାତଦେଇ ଗାଲରେ ଓ ମଥାରେ ତାଙ୍କର। ଚିନ୍ତା ତାଙ୍କ କେମିତିକା ଗଢ଼ାହେବ ଶବ୍‌ଦର ଆକାଶ। କେମିତି ଗଢ଼ିବେ ଘର, କଥାବାର୍ତ୍ତା, ବାକ୍ୟ ଆଉ ହସ-ଖୁସି, ମଉଜ ଓ ମସ୍ତି, କେମିତି ବା ଲୁହ ଯିବ ସହଜେ ନିଗିଡ଼ି- ଏ ଚିନ୍ତାରେ ବସିଛନ୍ତି ସେମାନେ ସମସ୍ତେ। ମୋ' ଓଠ ଫିଟିଲାନି ତାଙ୍କପରି, ରହିଲି ମୁଁ ନିହାତି ନୀରବ। ପବନ ରହିଲା ସ୍ଥିର, ଶୂନଶାନ୍ ରାତିରେ ନିଶ୍ଚଳ। ପବନ ରହିଲାବୋଧେ ଆମଗେଟ୍, ତାଟିବାଡ଼, ଷ୍ଟ୍ରିଟ୍‌ଲାଇଟ୍ ପାଖେ। ଚୁପ୍‌କରି ଛିଡ଼ାହେଲା ପରି କିଏ ଦିଶିଲା ବି ମୋତେ। ଶୁଭୁଥିଲା କାନ୍ଦିବାର ସ୍ୱର ସମୁଦ୍ରର। କାନ୍ଦୁଥିଲା ବୋଧେ ସାରା ବାଲିର ସହର। ସେମାନେ ଗଢ଼ିବାଲାଗି ନିଜକୁ ଓ ନିଜରି ଚେହେରା, ଭାବୁଛନ୍ତି ସତେ ଅବା ନିଅଣ୍ଟ ସେମାନେ! ପୁଣି ସେ ସମସ୍ତେ ସେଠି ଭାବୁଛନ୍ତି ସତେ କି ନେବେ ସେମାନେ ପୁନର୍ଜନ୍ମ ପୁଣିଥରେ- ପ୍ରତିଥର, ଥରେ ନୁହେଁ ନେବେ ଜନ୍ମ ମୃତ୍ୟୁପରେ ଶତବାର, ଏଠି ବାରମ୍ବାର।

ପଚାରିଲି ଆରେ ପିଲେ, ଆରେ ସବୁ ତମେମାନେ ମନମାରି ବସିଛ କାହିଁକି? କାହିଁକି ରହିଛ ଏହି ମଉନ ବ୍ରତରେ, ଭଲା ତୁମେ ହସ ଥରେ, ଚେନାଏ ହେଲେବି। ମୁଣ୍ଡ ବି ଯାଇଛି ନଇଁ ଭାରରେ ତାଙ୍କର, ଶୋକ ଏତେ, ଦୁଃଖ ଏତେ, ବଡ଼ ଏତେ

ବିଚ୍ଛେଦଟେ ସତେ! କେମିତି ବା ସହିଯିବେ କୁନି କୁନି ଶବ୍ଦ ସବୁ ଯିଏ ଉଇଁ ଆସିଥିଲେ ତାଙ୍କରି ଗର୍ଭରୁ? ସତକଥା। ଭାରିକଷ୍ଟ ଲାଗେ କେହି ନିଜଲୋକ ଛାଡ଼ି ଚାଲିଗଲେ। ଆହୁରି କଷ୍ଟ ବି ଲାଗେ ଯଦି ଥାଏ ଅନିଶ୍ଚିତ ଫେରିବା ତାହାର। କଷ୍ଟଯାଏ ଦୁଷ୍ଟହୋଇ, ସଂହାର କରେ ସେ ପ୍ରତି ପ୍ରତିଟି ମୁହୂର୍ତ୍ତେ, ଯେବେ ଜଣାପଡ଼ିଯାଏ ସେ ଲୋକଟା, ଆତ୍ମୀୟଟା ଆଉ ଜମା ଫେରିବାର ନାହିଁ। ତାଙ୍କର ଉତ୍ତର ଶୁଣି ହେଲି ମୁଁ ଅବାକ୍। ପଚାରିଲି କହିଲା ତୁମକୁ କିଏ ଫେରିବେନି ଆଉ ଫେରିବେନି? ସେମାନେ କହିଲେ ନାଆଁ ସମସ୍ତଙ୍କ- ଏଇ ଲୋକଙ୍କର। ଜାଣିଲି ସେମାନେ ଥିଲେ ଅଜ୍ଞାନ ଓ ଥିଲା ଭରି ଅନ୍ଧକାର ଭିତରେ ତାଙ୍କର। ପଚାରିଲି ପଢ଼ିଛକି, ଜାଣିଛକି ତାଙ୍କରି କବିତା? ସତରେ ସଂଦେହ ହେଲା, ପଚାରିଲି ସତେ କ'ଣ ତୁମ୍ଭେମାନେ ଜନ୍ମ ତାଙ୍କଠାରୁ? ସତେ କ'ଣ ତୁମ୍ଭେମାନେ ତାଙ୍କରି ଶୋଣିତ? କାନ୍ଦିଲେ ମଥାକୁ ପିଟି ଶବ୍ଦ ସବୁ ଝରିଗଲା ଲୁହଧାର ଆଖିରୁ ମୋହର। କହିଲେ ଧକେଇ ଧୀରେ ଶବ୍ଦ ସବୁ ମିଛକଥା, ମିଛ କବି, ମିଛସବୁ କବିତାର କଥା- କହୁଛନ୍ତି କେତେଲୋକ- କେତେସବୁ ଲୋକ। ହସିଲି ଲୋତକ ପୋଛି ବୁଝାଇଲି ସେ ଶବ୍ଦମାନଙ୍କୁ- ଛାଡ଼ ସେ ବେକାର କଥା- ମୂର୍ଖ ଏବି ଅଛନ୍ତି ଧରାରେ। ତା'ବୋଲି ବିଚାର କରି କୁହ ତୁମେସବୁ, ପଚାରିଲି ଗୋଟିଗୋଟି ସମସ୍ତ ଶବ୍ଦଙ୍କୁ- ଅସ୍ତପରେ ଉଦୟ ପଥକୁ ସୂର୍ଯ୍ୟ କି କେବେବି କ'ଣ ଥରେ ଭୁଲିପାରେ? କିଛି କ'ଣ ଏ ଜଗତେ ଖାଲିପଡ଼େ- କାହିରି ବଦଳେ?

ଏମିତି ବୁଝଉଥିଲି ସେ ଶବ୍ଦମାନଙ୍କୁ। ଲେଖାଗଲା କିଛି ଶବ୍ଦ କହିବେ ଆପଣେ। କିନ୍ତୁ ସତହେଲା ସେସବୁ ଶବ୍ଦ ମଧ୍ୟରୁ କିଛି ଶବ୍ଦ ବସିଗଲେ ଆସି ସିଧାସିଧା ମୋ ସାଦା କାଗଜରେ, ମୋ ଛାତି ଉପରେ; ବସିଗଲେ ସିଧା ଆସି ନୀରବରେ ସୁନାପିଲା ପରି। ଶବ୍ଦ ସବୁ ହଂସଛୁଆ, ହଂସର ଶାବକ। ହଂସର ସେ ତୀର୍ଥଯାତ୍ରା ମାନସ ଗଂଗାକୁ ରୋକି କି ପାରିବ ତା'ର ଶାବକମାନଙ୍କୁ କାନ୍ଦିବାରୁ, ଥରିବାରୁ ନୀରବରେ ଆପେ ସଢ଼ିବାରୁ? ଏଣୁ ମୁଁ ବସିଲି ଲେଖି ରାତିଅଧେ ଘଣ୍ଟାଏ କି ଅଧେ। ପୂର୍ଣ୍ଣହେଲା ଛାତି ମୋର ପାତ୍ର ମୋର ଶୁଷ୍କ ଉଦରର, ଫାଙ୍କା କିନ୍ତୁ ରହିଗଲା ଫର୍ଦ୍ଦ ସବୁ ମୋ ସାଦା ଖାତାର। ଆପଣ ପାରିବେ କହି ଶବ୍ଦ ତାକୁ, କବିତା ବି ତାକୁ।

ରାତିଟା ପାହିଲା। ପାହିଲାନି ଅନ୍ଧାର ମୋ ଛାତି ଭିତରୁ। ସୂର୍ଯ୍ୟର କିରଣ ହେଲେ ଯେତିକି ପ୍ରଖର, ଗଡ଼ିଗଲା ଯେତେଯେତେ ବେଳ, ହେଲି ମୁଁ ଅଧୀର ଆଉ ଭରିଗଲା କୋହ ମୋର ଛାତିରେ ସେତିକି। ଭରିଗଲା କୋହ ନ ନିଶିଲା ଲୁହ। ଶବ୍ଦମାନେ ରଡ଼ିକଲେ ଚେଁ ଚାଁ ହେଲି ମୁଁ ସେତିକି ବେଶୀ ଅଧୀର-ଅଥୟ। ଆଖିର ଆଗରେ ଥିଲା ସବୁ ରାସ୍ତା, ଆମ ରାସ୍ତା, ଚିହ୍ନା ସବୁ ରାସ୍ତା। ଆଖିର ଆଗରେ ଥିଲା

ସବୁ ଏଇ ପରିଚିତ ଧରା। ଅଥଚ ସେଦିନ ସବୁ ସାଜିଥିଲେ ଅଚିହ୍ନା ଓ ପରିଚିତହୀନ ଜଣେ ଜଣେ।

ସମୟ ତିନିଟା ଦଶ (ଅପରାହ୍ଣ)। ସୂର୍ଯ୍ୟ ଶରଶଯ୍ୟାରେ ଶୋଇବାକୁ ଯୋଜନା କଲେଣି। ସେତେବେଳେ ଶବ୍‌ଦ ସବୁ ଆପୋସରେ କଥାବାର୍ତ୍ତା କରି ଡେଇଁ ଡେଇଁ ବଣ-ବାଡ଼, କେଦାର ପାହାଡ଼, ଗିରିଶୃଙ୍ଗ, ଛାୟାର ସହର, ଖୋଜିଖୋଜି ଚାରିଆଡ଼େ ବୁଲିବୁଲି ସାରା ବାଲେଶ୍ୱର, ବୁଲିବୁଲି କଲେଜରେ, ଜିଲ୍ଲାସ୍କୁଲ ଆଗରେ, ବୁଲିବୁଲି ଚାରିଆଡ଼େ ଶିରୀଧାରୀ ରାସ୍ତାଆଡ଼େ ଥରେ, ବୁଲି ସେ ଡାକ୍ତରଖାନା, ବୁଲି ଚାରିଆଡ଼େ ଆସି ଫେରି ବସିଗଲେ ଥକ୍କାହୋଇ-ନିରାଶ ବି ହୋଇ- ହାତେ ନାହିଁ କିଛି ନାହିଁ- ସୀମାଡେଇଁ ଶବ୍‌ଦ ରାଜା ଯାଇଛି ପଳାଇ। ଶବ୍‌ଦ ସବୁ ପଡ଼ିଥିଲେ ଥକି। ଏଣୁ ଆସ୍ତେ ବସିଗଲେ କାଗଜର ବିଛଣାରେ ମୋର ଆଖିଗଲା ଆସ୍ତେ ତାଙ୍କ ବୁଜି। ସେମାନଙ୍କ ଆଖିତଳେ ଏ ଧରା ବା ସୀମାର ସେପାରେ, ଖୋଜିଲେ ସେମାନେ ଯାଇ ସ୍ୱପ୍ନରେ, ଅବଚେତନରେ। ଇନ୍ଦ୍ରପୁରୀ ଠାରୁ ମହାଗୋଲୋକ ପୁରର ସଂପୂର୍ଣ୍ଣ ଭ୍ରମଣଯାତ୍ରା କଲେ ସବୁ ଶବ୍‌ଦ। ଏବଂ ଆସି କହିଦେଲେ ସବୁକଥା ସବୁ ଶେଷକଥା। ପଚାରି ବୁଝିଲେ ବୋଧେ ଯାତ୍ରାୟଣ ମାନଚିତ୍ର କଥା, ସେଠାକୁ ଯିବାର ପଥ ଦେଖିସାରି, ଫେରିବାର ବାଟ ବୁଝିସାରି ଆସିଲେ ସଭିଁଏ ଫେରି, ବସିଗଲେ- ନୀରବରେ ପୂରା ନୀରବରେ। ରଚିଲେ ସଭିଁଏ ବସି ପ୍ରତିରୂପ ତାଙ୍କ। ଆତ୍ମା ତାଙ୍କ ଗଲାବସି ସେଇସବୁ ପ୍ରତିରୂପୀ ଶବ୍‌ଦଙ୍କ ପିଣ୍ଡରେ। ଶବ୍‌ଦ ହେଲା ଗଢ଼ା। ଲେଖାଗଲା ଗୋଟେଗୋଟେ ଶବ୍‌ଦର ଭଣିତା। ଲେଖିଲେ ଅଶ୍ରୁ ଓ ସ୍ୱାଦ- ସମ୍ଭାବନା ମିଶା ହଳାହଳ ପରେ ପରେ ସଂଜୀବନୀ ମନ୍ତ୍ର ଫୁଙ୍କା ଅମୃତ ସିଂଚିତ ସିତ ସମସ୍ତ କବିତା। ତେବେ ବୋଧହୁଏ ସମଗ୍ର କବିତା ବହି ଲେଖାଗଲା ଏଇବୋଧେ ପାଞ୍ଚ-ଛଅ ଘଡ଼ିର ମଧ୍ୟରେ।

ଆମର ସଂପର୍କ ସେପରି ନଥିଲା ବେଶୀ ଲୋକଦେଖା, ଅତିବି ଘନିଷ୍ଠ। ଦେଖାବୋଧେ ହେଉଥିଲା ମାସରେ ଥରେ ବା ଆମ, ଦୁଇ ତିନି ମାସକରେ ଥରେ। କିନ୍ତୁ ମୁଁ ପ୍ରତ୍ୟହ ଦେଖେ ମୁହଁ ତାଙ୍କ, ହସ ହସ ମୁହଁକୁ ତାଙ୍କର। ସେ ମୁହଁ ଦେଖିଲେ ସତେ ଭରିଉଠେ ପ୍ରସନ୍ନତା, ପୂରିଉଠେ ମୋହର ଉଦର। ଆମର ସଂପର୍କ ଥିଲା ଆତ୍ମାର- ଆମରି ଆତ୍ମାର। ତାକୁ ବା ବୁଝିବ କିଏ, ଜାଣିବ ବା କିଏ ?

ବାଲେଶ୍ୱରକୁ ଆସିବା ଓ ଫକୀରମୋହନ କଲେଜରେ ଯୁକ୍ତଦୁଇ ବିଜ୍ଞାନ ଶ୍ରେଣୀରେ ପଢ଼ିଲାବେଳେ ମୋର ସାହିତ୍ୟ ପ୍ରତି ପ୍ରବଳ ଆଗ୍ରହ ଥିଲା। ସଚ୍ଚିବାବୁ ଓ ଗୁରୁବାବୁଙ୍କ କବିତା ପାଠକଲା ପରେ ମୋତେ ଅପୂର୍ବ ଶାନ୍ତି ମିଳୁଥିଲା। ଆମର ପାଠ୍ୟକ୍ରମରେ ଦଶମରେ 'କୋଣାର୍କ' କବିତାଟି ଥିଲା। ତାକୁ ମୁଁ ଏକ କବିତାପାଠ

ଉତ୍ସବରେ ସ୍କୁଲବେଳେ ଆବୃତ୍ତି କରିଥିଲି । କରତାଳିରେ ସମଗ୍ର ରାଧାନାଥ ସ୍କୁଲପଡ଼ିଆ ଗୁଂଜରି ଉଠିଥିଲା । ଭରିଆସିଥିଲା ମୋର ଆଖି ଓ ହୃଦୟ । ସେହିପରି ସେହିଦିନ ଠାରୁ ପ୍ରଗତିବାଦୀ ଚେତନାଧର୍ମୀ, ବିଶେଷକରି ସଚ୍ଚିବାବୁଙ୍କ କୋଣାର୍କ କବିତା ଆଧାରରେ ଲେଖିଲି ଗଦାଗଦା କବିତା । ବୋଧହୁଏ ସେସବୁରୁ ଅଧେ ହଜିଗଲାଣି । ସେହି ପର୍ଯ୍ୟାୟରେ ଆଉଜଣେ କବି ଥିଲେ ଆମ ପାଠ୍ୟକ୍ରମରେ । ପଢ଼ାଯାଉଥିଲା 'ଗ୍ରାମପଥ' । କବିଥିଲେ ବିନୋଦ ଚନ୍ଦ୍ର ନାୟକ । କବିତାଟି ଯାହୁଁ ଦିନ ଗଡ଼ିଛି ସେତେ କନ୍ଦାଇଛି । ଯୁକ୍ତଦୁଇ ଶ୍ରେଣୀର ପଦ୍ୟାଧାରା ବହିରେ ସେ 'ଗ୍ରାମପଥ' କବିତାଟି ଥିଲା । ତା'ର ଶେଷପଙ୍‌କ୍ତି ସବୁକୁ ପଢ଼ି ମୁଁ ଅନେକ ଆନନ୍ଦ ପାଇଛି । ଆନନ୍ଦରେ କାନ୍ଦିଛି । ଏକା ଏକା ରହୁଥିଲି ଉତ୍ତର ଛାତ୍ରାବାସରେ ଦଶନମ୍ବର କକ୍ଷରେ । ସେଠାରେ ଏମାନେ ମୋର ବନ୍ଧୁଥିଲେ । ସାଥୀଥିଲେ, ପରିଜନ ଥିଲେ । ଓପାସରେ, ଭୋକରେ, ଦୁର୍ଦ୍ଦିନରେ ଏମାନେ ମୋର ସାଥୀଥିଲେ, ମୋର ବଳ ଥିଲେ । ଯା'ପରେ ପରେ ପ୍ରଭାବିତ କଲେ ଗୁରୁପ୍ରସାଦ ମହାନ୍ତି । ପଢ଼ାଯାଉଥିଲା 'ଶରତ ଋତୁରେ ଜହ୍ନ' । ଯୁକ୍ତଦୁଇ ଶ୍ରେଣୀରେ ଏହି କବିତାଟି ବୋଧେ ମୋତେ ସର୍ବାଧିକ ପ୍ରଭାବିତ କରିଥିଲା । ତା'ପରେ ମୁଁ କଳା ପଢ଼ିଲି ସେଇ ଫକୀର ମୋହନ କଲେଜରେ । ଅନେକ ବହି ସଂଗ୍ରହ କଲି । ପଢ଼ିଲି । ସେଠାରେ ବ୍ରଜନାଥ ରଥଙ୍କୁ ପଢ଼ିଲି, ଚିହ୍ନିଲି, ଜାଣିଲି । ଦେଖିନଥିଲି । ମାତ୍ର ଇଂରାଜୀ ବିଭାଗର ମୋର ସାର୍ ଡକ୍ଟର ସୁବାସ ଚନ୍ଦ୍ର ପାତ୍ର ମହାଶୟ ମୋତେ ନିଜ ପୁତ୍ରଠାରୁ ବଳୀ ଅକୁଣ୍ଠ ସାହାଯ୍ୟ ଓ ସହଯୋଗ କରୁଥାଆନ୍ତି । ପାଠପଢ଼ା ଠାରୁ ନୈତିକ ଜୀବନର ମେରୁଦଣ୍ଡକୁ ସେ ସଜାଡ଼ିବା ଲାଗି ଯଥେଷ୍ଟ ସହଯୋଗ କରିଛନ୍ତି । ମୁଁ ଜୀବନସାରା ତାଙ୍କର ସେ ଋଣ ଶୁଝିପାରିବି ନାହିଁ । ସେହି ମହାପୁରୁଷ, ତ୍ୟାଗପୂତ ମଣିଷ ଜଣକ ମୋତେ ଦିନେ ନେଇଯାଇଥିଲେ ଶ୍ରୀଯୁକ୍ତ ରଥଙ୍କ ପାଖକୁ । ସେଇଠି ପରିଚୟ ହେଲା ବ୍ରଜନାଥଙ୍କ ସହ । ମୋ ଜୀବନର ମୋଡ଼ ବଦଳିଗଲା । ଏଣିକି ସାର୍ ମୋତେ ଅଳ୍ପଦିନ ଅନ୍ତରରେ ଯେତେବେଳେ ଫାଙ୍କାପାଆନ୍ତି, ନେଇଯାଆନ୍ତି । ଏକ ସାରସ୍ୱତ ପରିବେଶରେ ଧୀରେଧୀରେ ମୁଁ ମିଳେଇଗଲି । ସେଇଠି ଅନେକ ପୁସ୍ତକ ଥାଏ । ମୋର ମନେପଡୁଛି ଥରେ ଗୋଟିଏ ଇଂରାଜୀ ବହି ଡକ୍ଟର ରଥ ମୋତେ ଦେଇଥିଲେ । ମୁଁ କିଛିଦିନ ପଢ଼ିସାରି ସେଟାକୁ ନେଇ ଶ୍ରୀଯୁକ୍ତ ରଥଙ୍କୁ ଫେରାଇ ଦେଇଥିଲି । ଏହିପରି ସଂଧ୍ୟାରେ ସେଠାରେ ବସିବା ଓ ଆଲୋଚନା କରିବା ମଧ୍ୟରେ ସଂପର୍କ ଘନିଷ୍ଠ ହେଉଥିଲା । ଚାପ ବଢ଼ିବାରେ ଲାଗିଲା । ପ୍ରାୟ ଦୁଇବର୍ଷ ମୁଁ ସେଠାକୁ ଯାଇନଥିବି । କିନ୍ତୁ ସେଇ ବାଟଦେଇ ଗଲାବେଳେ ମୁହଁଟିକୁ ଚାହୁଁଥିବି । କିନ୍ତୁ ଆଶ୍ଚର୍ଯ୍ୟର କଥା ଯେତେବେଳେ, ଏତେଦିନ ଅନ୍ତରରେ ଗଲି ସେ ମୋତେ ଠିକ୍ ଚିହ୍ନିରଖି ଥିଲେ । ମୋତେ ନିଜକୁ ସେଠାକୁ

ଯିବାପୂର୍ବରୁ ଦୋଷୀ ଦୋଷୀ ଲାଗୁଥିଲା। ସବୁ ହାଲୁକା ଲାଗିଲା। ଆସି କି ମୁଁ ମୋ ବିଭାଗର ଶିକ୍ଷକମାନଙ୍କୁ ଠାରୁ ବ୍ରଜନାଥ ରଥଙ୍କ କବିତ୍ୱ ଓ ବ୍ୟକ୍ତିତ୍ୱ ବିଷୟରେ ଜାଣିବାକୁ ଚାହିଁଲି। ସେମାନେ କହିଲେ- "ତାଙ୍କୁ କିଏ ନଜାଣ ?" ସତରେ ସେ ବାଲେଶ୍ୱର ଓ ସମଗ୍ର ଓଡ଼ିଶାର ଗର୍ବ ଓ ଗୌରବମୟ ଅଧ୍ୟାୟ। ଡକ୍ଟର ନିଗମାନନ୍ଦ ବେହେରା, ଡକ୍ଟର ନଟବର ପାଣିଗ୍ରାହୀ, ଡକ୍ଟର ରାଖାଲ ଚନ୍ଦ୍ର ଘଡ଼ାଇ, ଡକ୍ଟର ହରିଶ୍ଚନ୍ଦ୍ର ବେହେରା ଓ ଡକ୍ଟର ଦୀନବନ୍ଧୁ ବେହେରା ଏ ଦିଗରେ ସଫଳ ଦିଗ୍‌ଦର୍ଶନ ଦେଇଥିଲେ। ବିଶେଷକରି ନିଗମ ସାର୍, ନଟବର ସାର୍ ଓ ରାଖାଲ ସାର୍ ଏ ଦିଗରେ ଅନେକ କଥା କହିଥିଲେ। ଏଠାରେ ଏସବୁ କହିବା ମାନେ ଋଣ ସ୍ୱୀକାର ମାତ୍ର ଆଉ କିଛି ନୁହେଁ।

ଏହାପରେ ଆମ କଳାସଂସଦର ବାର୍ଷିକ ଉତ୍ସବକୁ ଡକ୍ଟର ରଥ ଅତିଥି ହୋଇ ଆସିଥିଲେ। ସେବର୍ଷ ମଧ୍ୟ ଅନ୍ୟ ବର୍ଷ ମାନଙ୍କ ପରି ମୁଁ ଲିଟିରାରୀ ଚାମ୍ପିଅନ୍ ଥିଲି। ପ୍ରାୟ ଆଠ-ନଅଟି (ସମଗ୍ର) ବିଭାଗରେ ମୋର ପୁରସ୍କାର (ହିନ୍ଦୀ, ଓଡ଼ିଆ, ଇଂରାଜୀ) ଦେଖି ସେ ଅନେକ ଖୁସିହେଲେ। ବଧେଇ ଜଣାଇଲେ। ପ୍ରବନ୍ଧ, ବିତର୍କ, କବିତା ରଚନାରେ ସେ ଆହୁରି ମନ ବଳାଇବାକୁ ମଧ୍ୟ ମୋତେ ଖୋରାକ୍ ଦେଲେ। ପରିଚୟର ସୀମା ବଢ଼ିଲା। ଆତ୍ମା ଆତ୍ମାକୁ ଆହୁରି ଖୋଜିଲା, ଆହୁରି ପାଇଲା। ଭଗବାନ ସୁଯୋଗ ସୃଷ୍ଟି କଲେ।

ଆମ କଲେଜରେ ସେତେବେଳକୁ ମୁଁ ସ୍ନାତକୋତ୍ତର ଶ୍ରେଣୀରେ ପଢୁଥାଏ। ଡକ୍ଟର ନଟବର ପାଣିଗ୍ରାହୀ ମୋର ଧୀଶକ୍ତି ଓ ଭବିଷ୍ୟତକୁ ଲକ୍ଷ୍ୟକରି ମୋତେ ସ୍ନାତକ ଶ୍ରେଣୀରେ ପଢ଼ାଇବାର ସୁଯୋଗ ଦେଲେ। ସାରା କଲେଜରୁ ମୋତେ ଅପରିମେୟ ସହଯୋଗ ଓ ସଦିଚ୍ଛା ମିଳିଥିଲା। ପିଲାମାନେ ପାଠ ପଢ଼ାରେ ଅତ୍ୟଧିକ ଖୁସିଥିଲେ। ଧୀରେ ଧୀରେ 'ଭାଇ'ରୁ 'ସାର୍' ହେଲି। ସ୍ନାତକୋତ୍ତର ଶ୍ରେଣୀରେ ମଧ୍ୟ ପଢ଼ାଇଲି। 'ପ୍ରିୟ ଶିକ୍ଷକ'ର ମର୍ଯ୍ୟାଦା ଖୁବ୍ ଶୀଘ୍ର ଅନେକ ହୃଦୟରୁ ମିଳିଲା। ଅନେକ ଉପସ୍ଥାନରୁ ମିଳିଲା। ମହାବିଦ୍ୟାଳୟର ପ୍ରଶାସନ ବା ପରିଚାଳନା ବ୍ୟବସ୍ଥା ସହିତ ବହୁତ ଶୀଘ୍ର ଯୋଡ଼ିଗଲି। ସେଇଠାରୁ ପ୍ରଥମ ଶ୍ରେଣୀରେ ପ୍ରଥମ ସ୍ଥାନ ଅଧିକାର କରି ପାସ୍ କଲି ଓ ଜୁଲାଇ ୧୬ ତାରିଖରେ ସେଠାରେ ଅତିଥି ଅଧ୍ୟାପକ ଭାବରେ ନିଯୁକ୍ତ ହେଲି। ସେତେବେଳେ ପାଠ୍ୟକ୍ରମ ସଂଶୋଧିତ ତଥା ପରିବର୍ତ୍ତିତ ହେବାର ଥିଲା। ମୁଁ ନଟବର ସାର୍‌ଙ୍କୁ ଅନୁରୋଧ କଲି- ଡକ୍ଟର ରଥଙ୍କୁ ଆମ ମହାବିଦ୍ୟାଳୟର ସ୍ନାତକ ଓ ଅଧିସ୍ନାତକ ଶ୍ରେଣୀରେ ପଢ଼ାଯାଉ ବୋଲି। ସେ ରାଜିହେଲେ, ଖୁସି ମଧ୍ୟ ହେଲେ। ମୁଁ ନିଜେ ଗଲି ଡକ୍ଟର ରଥଙ୍କ ପାଖକୁ। ବିଶ୍ୱଶ୍ରୀ ପ୍ରେସ୍‌ରେ ଦୁଇ-ତିନି ଦିନ ପରେ ଆମର ଭେଟହେଲା। ସେତେବେଳକୁ ରଥଙ୍କ ଦେହ ତାଙ୍କୁ କଷ୍ଟଦେବା ଆରମ୍ଭ କଲାଣି। ମୁଁ ସାର୍‌ଙ୍କୁ ପଚାରିଲି, "ସାର୍, ଆପଣଙ୍କର ଶ୍ରେଷ୍ଠ ଦୁଇଟି କବିତା କୁହନ୍ତୁ ଆପଣଙ୍କ ପସନ୍ଦର, ଯାହା ସ୍ନାତକ

ଓ ସ୍ନାତକୋତ୍ତର ଶ୍ରେଣୀରେ ପଢ଼ାହେବ।" ସେଠାରେ ସେ ଦୁଇଟି କବିତା କଥା କହିଥିଲେ- 'ମୁଁ ଚାଲିଯିବା ପରେ' (ମନର ମାନଚିତ୍ର), 'ଓଟ' (ହେ ମହାଜୀବନ)। ଯୁକ୍ତତିନିରେ ପ୍ରଥମଟି ଓ ସ୍ନାତକୋତ୍ତର ଶ୍ରେଣୀରେ ଶେଷୋକ୍ତ କବିତାଟି ପଢ଼ାଗଲା। ମୁଁ ଆତ୍ମସନ୍ତୋଷ ଲାଭ କଲି। କାରଣ ସଚ୍ଚିବାବୁ, ବିନୋଦ ବାବୁ ଓ ଗୁରୁବାବୁଙ୍କ ପରି ମୋର ଅନ୍ୟତମ ପ୍ରିୟ ଲେଖକ- କବି ହେଉଛନ୍ତି ବ୍ରଜନାଥ ରଥ। ତାଙ୍କ ଲାଗି କିଛି କରିପାରିଛି ବୋଲି ମୁଁ ନିଜକୁ ଧନ୍ୟ ମନେକଲି। ଅବଶ୍ୟ ଏହା ତାଙ୍କ ପାଇଁ କିଛି ନୁହେଁ। ତେବେ ଏ ଅବସରରେ ଡକ୍ଟର ନଟବର ପାଣିଗ୍ରାହୀଙ୍କୁ ମୋର ହାର୍ଦ୍ଦିକ କୃତଜ୍ଞତା ଜ୍ଞାପନ କରୁଛି।

ସେହିପରି ଆମ ବିଭାଗ ଦ୍ୱାରା ନିକଟରେ ଏକ ପାଠଚକ୍ର ଆୟୋଜିତ ହୋଇଥିଲା। ସେ ପାଠଚକ୍ରଟି ଓଡ଼ିଆ ଭାଷାର ଶାସ୍ତ୍ରୀୟତା ଉପରେ ଆଧାରିତ ଥିଲା। ବିଶ୍ୱବିଦ୍ୟାଳୟ ଅନୁଦାନ ଆୟୋଗ ଆନୁକୂଲ୍ୟରେ ଆୟୋଜିତ ଏହି ରାଜ୍ୟସ୍ତରୀୟ ପାଠଚକ୍ରରେ ଡକ୍ଟର ରଥ ସମେତ ପ୍ରଫେସର ଖଗେଶ୍ୱର ମହାପାତ୍ର, କୀର୍ତ୍ତନ ନାରାୟଣ ପାଢ଼ୀ, ପ୍ରହଲ୍ଲାଦ ମହାନ୍ତି, ଭାଗିରଥୀ ନାୟକ ପ୍ରମୁଖ ବ୍ୟକ୍ତି ଯୋଗଦେଇ ଥିଲେ। ସେଥିରେ ମୁଁ ମଧ୍ୟ ମୋର ଗବେଷଣାଧର୍ମୀ ପ୍ରବନ୍ଧଟିଏ ଉପସ୍ଥାପନ କରିଥିଲି। କବି ଶ୍ରୀ ରଥ ଓ ଅନ୍ୟାନ୍ୟ ସୁଧୀବର୍ଗେ ଆନନ୍ଦିତ ହେଲେ। କିନ୍ତୁ କଥାଟା ଏଇଠି ନାହିଁ। ଶ୍ରୀଯୁକ୍ତ ରଥ ଏ କାଳରେ ଖୁବ୍ ଅସୁସ୍ଥ ଥିଲେ ଅଥଚ ଆସିଲେ। ଏବଂ ୭୮ ବର୍ଷର ଚାଲିପାରୁ ନଥିବା ଅସୁସ୍ଥ ଲୋକଟା ଅଧ୍ୟକ୍ଷଙ୍କ ପ୍ରକୋଷ୍ଠରୁ ବାହାରୁ ବାହାରୁ ଜଣେ ମୋର ପରିଚୟ ତାଙ୍କୁ ଦେଉଦେଉ ସେ କହିଲେ- "ଥାଉ ଥାଉ, ମୁଁ ୟାଙ୍କୁ ଜାଣିଛି, ଭଲଭାବେ ଜାଣିଛି। ଆପଣଙ୍କ ଆଗରୁ ଜାଣିଛି। ୟା'ଙ୍କୁ ଏଠି କିଏ ବା ନଜାଣେ?" ଏ ପଦିକ କଥାରେ ମୁଁ ସତେକି ପରମାୟୁ ପାଇଗଲି। ସେହିପରି ଓଡ଼ିଶାର ଗୌରବ ବୋଲି ମନେକରୁ ଥିବାରୁ ମୋର 'ସମୀକ୍ଷା ଗୌରବ' ପୁସ୍ତକଟି ତାଙ୍କୁ ହିଁ ଉତ୍ସର୍ଗ କରିଛି। ଆମର ସଂପର୍କର ଏହିସବୁ କେଇପୃଷ୍ଠା ମାତ୍ର।

ଆଜି ସେ ନାହାଁନ୍ତି। ଥିଲେ କେତେ ଭଲ ହୋଇଥାଆନ୍ତା। ମୋର ସବୁ ବହି, ମୋର ପ୍ରଗତିକୁ ଦେଖି ସେ କେତେ ଖୁସି ହୋଇଥାଆନ୍ତେ, ସେଇଥିରେ ମୋର ପେଟ-ମନ-ଆତ୍ମା ପୂରିଉଠି ଥାଆନ୍ତା। ତାଙ୍କରି ପାଇଁ, ତାଙ୍କରି ଯାତ୍ରାପଥ ପାଇଁ, ତାଙ୍କରି ଆସିବା ଓ ଯିବା, ଯିବା ଓ ଆସିବା ପାଇଁ ଏଇ ପଥ- ଏଇ ଶବ୍ଦ ପଥ।

ସନ୍ତୋଷ କୁମାର ନାୟକ

ବିକାଶନଗର, ବାଲେଶ୍ୱର, ଓଡ଼ିଶା
ତା.୦୨.୦୬.୨୦୧୪ ରିଖ

|| ୧ ||

ମୁଁ ଜାଣେ ଆସିବ ଫେରି
ତମେ ଏଠୁ ଚାଲିଯିବା ପରେ
ଆସିବ ଏଠାକୁ ଫେରି
ଦେଖିବାକୁ
ଏ ବିଶ୍ୱର ତାରା ଆଉ ଏ ବିଶ୍ୱର ଶିରୀ,
ମୁଁ ଜାଣେ ଆସିବ ଫେରି
ଶବ୍‌ଦ ସାଥେ, ପୂର୍ଣ୍ଣତା ସାଥେ
କେମିତି ବା ହେବ ତୁମେ ଶବ୍‌ଦହୀନ
ଆହେ ଆମ ଶବ୍‌ଦର ସାରଥୀ !
କେମିତି ପାରିବ ମିଶି
ତୁମେ ସେଇ ଶବ୍‌ଦହୀନ ଶୀର୍ଣ୍ଣ ଶୂନ୍ୟତାରେ ? ?

|| ୨ ||

ଏତେଦିନ ବିଶ୍ୱେ ଆମ
ଏତେଦିନ ଆକାଶେ ଆମର
ତାରା ହୋଇ, ଶିରୀହୋଇ ରହିଗଲ
ଦେଖୁଥିଲା। ପ୍ରତିଟି ମଣିଷ
ଦେଖୁଥିଲା ଓଡ଼ିଶାର ଭୂଗୋଳ ଓ ଇତିହାସ
ଦେଖୁଥିଲା ଦର୍ଶନ ଏଇ ପୃଥିବୀର
ଦେଖୁଥିଲା, ହସୁଥିଲା ଏଇ ବାଲେଶ୍ୱର।
ତେଣୁ ବା ରହିବ ତୁମେ
ତାରା ହୋଇ ଆକାଶେ କିପରି
ଆମରି ଗହଣେ ତୁମେ
ସୂର୍ଯ୍ୟର କିରଣ ସାଥେ
ସକାଳରେ, ସୁକାଳରେ
ଅବଶ୍ୟ ଆସିବ ଫେରି, ବାଳସୂର୍ଯ୍ୟ ପରି ॥

॥ ୩ ॥

ଏଇ ଦେହ ଯଶୋଦେହ
ଏଇ ଦେହ ତୁମ ଆୟୁଷ୍ମାନ
ଏ ଦେହେ ଦେଇଛ ତୁମେ ଅନେକ ବିଶ୍ୱାସ
ଏ ଦେହେ ଦେଇଛ ତୁମେ ଶହଶହ ଦାନ
ଏତେ ଯେ ପବିତ୍ର ଏଇ ତୁମ ପୂତ ଦେହ
ପାରିବନି ଗ୍ରାସି ତାକୁ ଅଗ୍ନି ବା ଶ୍ମଶାନ ॥

॥ ୪ ॥

ଅଗ୍ନି ଅବା କି ଗ୍ରାସିବ ତାକୁ
ଅକ୍ଷର କୀରତି ଦୂରେ, ଏଥୁ ବହୁ ଦୂରେ
ଏ ଦେହ ତ ନନ୍ଦିଘୋଷ
ଏ ଦେହ ତ ପବିତ୍ର-ଅମର
ଏ ଦେହ ଦେଇଛି ଯାହା ତପ କରି
ସତେ ତାହା ନୁହେଁ ଲିଭିବାର
ଏଇ ଦେହ ଯଶୋଦେହ
ଏଇ ଦେହ ତୁମ ଆୟୁଷ୍ମାନ
ସତେକି ପାରିବ ଗ୍ରାସୀ ଅଗ୍ନି ତାକୁ
ପାରିବ କି କରି ତାକୁ ଜୀର୍ଣ୍ଣ
ଅଗ୍ନି ବା କରିବ କିସ ପବିତ୍ର କୁ ଆହୁରି ପବିତ୍ର
ଅଗ୍ନିର ବା ଦେହ କାହିଁ
ଉଦର ବା କାହିଁ ?
ଏଣୁ ତୁମେ ଯଶୋଦେହ
ଏଣୁ ଆୟୁଷ୍ମାନ
ପାରିବେନି ପାରିବେନି ଜୀର୍ଣ୍ଣ କରି
କାଳ ଅବା କରାଳ ଶ୍ମଶାନ ॥

|| ୪ ||

ତୁମେ ରଥ ଚେତନାର,
ନୂଆ ଯୁଗ, ନୂଆ କଥା, ନୂତନ ଚିନ୍ତାର
ତୁମର ବା ଦୋଷ କିସ
ଦୋଷ ସବୁ କରାଳ କାଳର
ସବୁ ଦୋଷ, ସବୁ ଭୁଲ୍, ଆମ ଭାଗ୍ୟ,
ଆମର ବିମର୍ଷ ଭାଗ୍ୟ, ଏଇ ସମୟର ॥

|| ୬ ||

ତୁମେ ରଥ, ବ୍ରଜପୁରୀ ଏ ବାଲେଶ୍ୱରରର
ତୁମେ ରଥ ଚେତନାର ଏଇ ପୃଥିବୀର
ତୁମେ ସତେ ଥିଲ କିସ
ତୁମେ ଅବା ଥିଲ କେ ଆମର
ଜାଣିବି ନଥିଲୁ ଆମେ, ଲାଗ ଖାଲି ଅତି ଆପଣାର
ଆଜି କିନ୍ତୁ ଲାଗେ ଭାରି ଭାରି
ସତେବା ଏକଲା ଆମେ
ସତେ ଅବା ନିରାଟ ଏକଲା ॥

|| ୭ ||

ତୁମ ନାମ ବ୍ରଜନାଥ ଖାଲିଟାରେ ନୁହେଁ
ଏ ବ୍ରଜ ଭୂଇଁରେ ଯେବେ ବାଳସୂର୍ଯ୍ୟ ଉଁଏ
ସବୁବେଳେ ଯୋଡ଼କରେ, କରେ ନମସ୍କାର
ତୁମକୁ ଅର୍ପିବା ପାଇଁ
ନାହିଁ ଯେଣୁ ତାଙ୍କଠାରେ କିଛି ପୁରସ୍କାର ।
ତୁମେ ନାଥ, ବ୍ରଜନାଥ, ଏ ବ୍ରଜପୁରର
ତୁମେ ତ ସାରଥୀ ଅଟ
ଏ ପୁରର ସବୁ ଶବ୍ଦଙ୍କର ।

॥ ୮ ॥

ତୁମ ନାମ ବ୍ରଜନାଥ, ତୁମେ ବ୍ରଜନାଥ
ଆମ ମନ ମାନଚିତ୍ର ତୁମେ ଜାଣ ପ୍ରିୟ
ଆମ ମରୁ କାରାଗାରରେ ତୁମେ ତ ପ୍ରତ୍ୟୟ
ତୁମେ ଯେ ଦେଇଛ କେତେ, ବିତରିଛ କେତେ
ଉଦାର ଛାତିରେ ଆଉ ବିମୁକ୍ତ ହାତରେ
ଉଦ୍ଧରିଛ ଆମକୁ ଯେ କେତେ କେତେଥର
ଶିଆଳ-କୁକୁରଙ୍କର ମୁନିଆ ଦାନ୍ତରୁ
କାଳୀୟ ଦଳିଛ ସତେ ତୁମେ କେତେବାର
ଆଜି କିନ୍ତୁ ତୁମେଗଲ ମଥୁରା ପୁରକୁ
ଅବଶ୍ୟ ତାରିବା ଲାଗି,
ସ୍ମିତହାସ୍ୟ ବିତରିବା ଲାଗି
ହେଲେ ତୁମବିନା ଆଜି ବ୍ରଜହେଲା
ନିହାତି ଅନାଥ ॥

॥ ୯ ॥

ତୁମେ ତ ଆସିବ ଫେରି,
ହୁଏତ ବା ନୂଆ ରୂପ, ନୂଆ ସ୍ୱର ଧରି
ଆଗାମୀ ସକାଳେ କେଉଁ
ଶିଶୁକଣ୍ଠେ ତୁମ ସ୍ୱର ଉଠିବ ଗୁଂଜରି
ହେଲେ ସବୁ ନୂଆ ରୂପେ, ସବୁ ନୂଆ ସ୍ୱରେ
ରହିବ ଅତୁଟ ତୁମ ସେଇ ହସ
ସେଇ ଆଖି, ସେଇ ନାକ-କାନ
ରହିବ ସେ ହୃଦୟଟା, ଥରିବ ସମାନ
ରହିବ ସମାନ ତୁମ ପୁରୁଣା ସ୍ୱାକ୍ଷର ॥

|| ୧୦ ||

ଅସୀମକୁ ଗିଳିଦେବ କିଏ ଅଛି
କିଏ ସିଏ ସୀମାଧାରୀ ସୁର
ମିଶିବ କିପରି ତୁମ ପଦଧ୍ୱନି
ସମୟ କି ଏତେବଡ଼ ବଳୀ !
ଆସିବ ତୁମର ସେଇ ଦୃପ୍ତ ପଦଧ୍ୱନି
କଅଁଳି ଆସିବ ଏକ କୁନିପତ୍ର ରୂପେ
ଆସିବ ଆସିବ ଫେରି ଆଉ ଦିନେ
ଅବଶ୍ୟ ଆସିବ ଫେରି ପୁନଶ୍ଚ ମୁଞ୍ଜରି ॥

|| ୧୧ ||

ଆଜି ତମେ ନାହିଁ ବୋଲି ବିଶ୍ୱାସ ହେଉନି
ତୁମ ମୁହଁ, ତୁମ ସ୍ୱର
ଦିଶୁଅଛି, ଶୁଭୁଅଛି
ହେଇଅଛି, ହେଇ ପୁଣି ନାହିଁ
ସତେ ତୁମେ ପ୍ରିୟଆମ, ପ୍ରିୟତମ ମୋର
ବିରତିର ସୀମାଲଂଘି
ଆମର ଅପେକ୍ଷା ସାରି
ଆସ ଶୀଘ୍ର, ଆସ ଶୀଘ୍ର ଫେରି ||

॥ ୧୨ ॥

ତୁମର ଥରିଲା ଓଠ, ବଂଚିଲା ଚାହାଁଣି
କେତେ ଦୀପ ଜଳାଇଛି
ଦୂରେଇଛି କେତେ ଅନ୍ଧକାର
ତୁମ ଆଖି ଓଟାରି ନେଇଛି ମୋର ଅନ୍ତରରୁ
ସତେ କେତେ ମଳିନତା, କେତେ ଯେ କୁତି ।
ତୁମ ସେଇ ଯାଦୁକାରୀ
ତୁମ ସେଇ ଅମୃତ ଚାହାଣି
କେମିତି ହଜିବ ଅବା
ସାମାନ୍ୟ ଏ ମିଛ ଅନ୍ଧକାରେ ??

|| ୧୩ ||

ତୁମ ଆଖି, ମିଟିମିଟି
ତୁମ ଆଖି ଜଳଜଳ ତାରା
ତୁମ ଆଖି ସୂକ୍ଷ୍ମ ଏତେ ସୁଗଭୀର ଏତେ
ଅନ୍ଧାରରେ ତୁମ ଆଖି ବଳିଷ୍ଠ ଇସାରା–
ତୁମ ଆଖି ଗଭୀରତା
ତା'ର ସେଇ ଜ୍ୟୋତିର ଦୂରତା
ଆଜିପରି, କାଲିପରି, ସବୁଦିନ ପରି
ଠିଆହେବ ହାତଠାରି
ବାଟଠାରି, ପୃଥିବୀରେ ଅମୃତର ବାଟ
ଅବଶ୍ୟ ଉଦ୍ଭାସ ହେବ
ସତରେ ଫୁଟିବ ନଭେ ପ୍ରଭାତର ତାରା ||

॥ ୧୪ ॥

ସ୍ୱପ୍ନ ତୁମ ଏକାନୁହେଁ,
ନୁହେଁ ତାହା କେବଳ ତୁମର
ତୁମ ସ୍ୱପ୍ନେ ଭରେ ନାହିଁ ଦୁଇଆଖି
ଭରିଯାଏ କୋଟିଏ ଆତ୍ମାର
ଏଣୁ ତାହା ହଜିଯିବା, ଝରିଯିବା
ଭାଜିଯିବା-ମରିଯିବା ସମ୍ଭବ ନୁହେଁ,
ବ୍ୟର୍ଥ ନୁହେଁ, ସ୍ୱାର୍ଥ ନୁହେଁ
ସେ ସ୍ୱପ୍ନର ଅଭିଳାଷା,
ସେ ସ୍ୱପ୍ନର ଅମର୍ତ୍ତ୍ୟ ଇସାରା
କେବେ ପାରିବନି ଗିଳି
କାଳର କରାଳ ଗର୍ଭାଶୟ ବା ସାହାରା ॥

॥ ୧୫ ॥

କେମିତି ପାରିବ ଝରି ସ୍ୱପ୍ନ ତୁମ
ତୁମେ ସେ ଆଖିର
ଯେଉଁ ଆଖି, ଆଖି ଦିଏ, ଦୃଷ୍ଟି ଦିଏ
ଶତ ଆଲୋକର
ଯେଉଁ ଆଖି ଗଢ଼ିଅଛି
ସହସ୍ର ସହସ୍ର ମୂର୍ତ୍ତି, ଶତଶତ କଳା କାରିଗର
ସେ ଆଖିର ସ୍ୱପ୍ନ କିବା ମରିପାର, ଝରିପାରେ
ଗିଳିପାରେ ତାକୁ କିବା ଏକ ମରୁ ସାହାରା (?)
ଯେଉଁ ଆଖି ସ୍ୱପ୍ନ ଅଟେ ସହସ୍ର ଆଖିର
ଯେଉଁ ଆଖି ଲୋଟିଅଛି
ସହସ୍ର ସହସ୍ର ଆତ୍ମା,
ଶତଶତ ବୁଭୁକ୍ଷୁ ପାଇଁ କି
ଯେଉଁ ଆଖି ନିତିମରେ ଅନ୍ୟ ପାଇଁ
ଦୁଃଖ ଯନ୍ତ୍ରଣାରେ
ଯେଉଁ ଆଖି ନିତି ଖୋଲେ
ତ୍ୟାଗ ପାଇଁ ନିର୍ନିମେଷ ନିଟୋଳ ଦୃଷ୍ଟିରେ
ଯେଉଁ ଆଖି ପ୍ରସ୍ତୁତ ହଜିବାକୁ ମରିବାକୁ
ଚିରଦିନ ଚିରକାଳ ନିରନ୍ତର ଅବା ନିର୍ବିକାରେ
ତାକୁ ବା କେ ଈଶ୍ୱର
ସହଜରେ ମାରିପାରେ, ଭୁଲିଯାଇପାରେ ??

॥ ୧୬ ॥

ଆଶା ଯହିଁ ମରିନାହିଁ
ଜଳ ଯହିଁ ଶୁଖିନାହିଁ
ସେ ସ୍ୱପ୍ନ ସେ ଦୁଇଟି ଆଖିର
ଅବଶ୍ୟ ଉଠିବ ଫୁଟି ନୀଳପଦ୍ମ ପରି
ଢଳଢଳ ନୀଳପଦ୍ମ ନିଶ୍ଚିତ ଉଠିବ ଫୁଟି
ଚିରନ୍ତନ-ଶ୍ୱାଶ୍ୱତ-ଭାସ୍ୱତ ଆଶାରେ ଉଜ୍ଜ୍ୱଳି ॥

॥ ୧୭ ॥

ଏଇ ମହା ଧରଣୀରେ
ଯାହାକିଛି ହଜୁ ବା ନହଜୁ
ତୁମକୁ ହଜାଇ ଦେବା
ତୁମ ଠାରୁ ଦୂରରେ ରହିବା
'ଯାହା' ନୁହେଁ, 'କିଛି' ନୁହେଁ
ଅଟେ 'ବହୁକିଛି'
ତୁମକୁ ହଜାଇ ଦେବା ମୁହୂର୍ତ୍ତଟେ ପାଇଁ
ସାଦା ନୁହେଁ, ସମ୍ଭବ ନୁହେଁ
ତୁମକୁ ହଜାଇ ଦେବା
ଶୂନ୍ୟତାରେ
ସମୟର ନିରନ୍ଧ୍ର ଅନ୍ଧାରେ
ଏଣୁ ନୁହେଁ ସାଧାରଣ
ନୁହେଁ ଏହା ସହିଯିବା ପାଇଁ
ତୁମ ବାଟେ, ତୁମ ସ୍ୱରେ, ତୁମ ଆଖିଠାରେ
ଚିରକାଳ ଆଜିପରି ରହିଥିବା ସମସ୍ତେ ଅନାଇ ॥

॥ ୧୮ ॥

ତୁମେ ପରା କହିଥିଲ
ହଜେନି କେବେବି କିଛି ଏଇ ଧରଣୀରେ
ହଜେ ଯାହାକିଛି ପୁଣି ଆସେ ଫେରି
ନୂତନ ସ୍ୱରରେ ଅବା ସ୍ୱରୂପରେ
ନୂତନ ଛନ୍ଦରେ ?
ସତରେ ସତରେ ସତେ
କେମିତି ବା ଚାଲିଗଲ,
ଆମକୁ ଓ ମୋତେ ଏକାକରି
କିଏ ବା ଆଉଁସି ଦେବ କ୍ଷତେ ମୋର
ଅଜ୍ଞାନରେ ମୋର
ଜେଜେ ପରି, ଗୁରୁ ପରି, ମଣିଷଟେ ପରି ?

॥ ୧୯ ॥

ଜାଣିଛି ମୁଁ, ଜାଣିଛେ ସମସ୍ତେ
ତୁମେ ହିଁ ଆସିବ ଫେରି
ତୁମ ରୂପେ, ହୁଏତ ବା ଶିଶୁ ଏକ ପରି
କିନ୍ତୁ ଯେ ଫେରାଇବାରେ
ତୁମକୁ ଓ ତୁମରି ଆତ୍ମାକୁ
ଈଶ୍ୱର ବି ପଡ଼ିଥିବେ ବଡ଼ ଦୁବିଧାରେ
ଏପଟେ ତୁମର ଯଶ, ଆୟୁ ଆଉ ଡାକ
ସେପଟେ ଆସନ ଏକ
ଆବଶ୍ୟକ ତୁମପରି ଜଣେ ଭଲଲୋକ
ଦୁଇପଟେ ରଥୀ ତୁମେ
ଦୁଇପଟେ ଅଗତିର ଗତି
ଦୁଇପଟେ ଆକର୍ଷଣ
ଦୁଇପଟେ ତୁମେ ଆବଶ୍ୟକ ॥

॥ ୨୦ ॥

ତୁମେ ବି ଆସିବ ଆଉ କେଉଁ ରୂପେ
ଆଉ କେଉଁ ନୂତନ ଶରୀରେ
ଏମିତି ବା ଦେହକାହିଁ, ଶରୀର ବା କାହିଁ ?
କେମିତି ଆସିବ ଫେରି
ପୁଣି ଏକ ଯଶୋବନ୍ତ, ଆୟୁଷ୍ମାନ
ଦେହଟିଏ ଧରି ?
ସେମିତିବି କୁମ୍ଭକାର ଗଢ଼ିବାର ଲୋଡ଼ା
ସେମିତିକା ମାଟିଦେହ,
ସେମିତିକା ନରମ ଓ ଟାଣ
ସେମିତିକା ହାଡ଼, ମାଂସ- ଗଢୁଥିବା ଲୁହାର ଚଟାଣ
ଲୋଡ଼ା ବି ସେମିତି ପାତ୍ର
ତୁମ ଆତ୍ମା ଧରି ରଖିବାକୁ
ଏଣୁ ସ୍ରଷ୍ଟା କର ତୁମେ
ଯଥାଶୀଘ୍ର ନିର୍ମାଣ କର
ଗଢ଼ିଦିଅ, ଲୋଡ଼ାମତେ, ଗଢ଼ିଦିଅ ଆଉଗୋଟେ
ମୃତ୍ୟୁଞ୍ଜୟୀ-କାଳଜୟୀ ଶୁଭ ଅନୁଷ୍ଠାନ
ଶ୍ରଦ୍ଧା ଓ ଆଲୋକମୟ ଶବ୍ଦଗୁଚ୍ଛ ଏକ
ଆଉ ଗୋଟେ ମୃତ୍ୟୁହୀନ ଦୃଢ଼ ସଂଗଠନ ॥

॥ ୨୧ ॥

ସ୍ୱାଭିମାନ-ଦୀପଜାଳି-ବର୍ତ୍ତିକା ଜାଳି
ଆହେପ୍ରଭୁ ଘଟଟିଏ କରହେ ଭିଆଣ
କରହେ ସଂଚାର ତାକୁ
ଗର୍ଭେ ଏକ ଦେବକୀର,
କୋଳେ ଯଶୋଦାର
ଯଶୋଦେହେ ଆୟୁଷ୍ମାନ ବିଶ୍ୱର ଶ୍ରୀମାନ
ଆଉଥରେ ରଖିଦିଅ ଆମ ମାନ ସ୍ୱାଭିମାନ
ଶବ୍ଦର ଜୀବନ ଲାଗି
ଛାଡ଼ିଦିଅ-ବାଟ ତାଙ୍କ-ଫେରିଆସୁ ବିଶ୍ୱତାରା ମାନ ॥

॥ ୨୨ ॥

ଜୀବନର ଯାତ୍ରୀ ନୁହେଁ
ସେ ତ ଏଇ ଜୀବନର ପରମ ପୂଜାରୀ
"ହେ ମହାଜୀବନ'କାରୀ ସ୍ରଷ୍ଟା ସେ ଯେ
ସତେ ସେ ଯେ ଜୀବନର, ଏଇ ଧରଣୀର
କେଡ଼େବଡ଼ ସନ୍ଥ-ମୁନି
କେଡ଼େବଡ଼ ପିସ୍ଵଳଚାରୀ
ପଚାରି ବୁଝ ହେ ଥରେ-ଅଧେ କାହିଁ
ପଚାର ସେ କେଡ଼େ ବ୍ରହ୍ମଚାରୀ
ମଣିଷ ପଣର ସେ ଯେ ମହୀପତି
ତଥାପି ଏ ମାଟିପାଇଁ, ଧୂଳି ପାଇଁ
ସତରେ ସେ ରଙ୍କ ଓ ଭିକାରୀ ॥

॥ ୨୩ ॥

ତୁମେ ସିନା ଦାନଦେଇ ପ୍ରତିଦାନ ଦେଇ
ଗଲଚାଲି ମହାପଥେ, ଆଲୋକର ପଥେ
ତୁମର ବା ଦୁଃଖ ନାହିଁ, ଶୋଚନା ବା ନାହିଁ
ଆମେ ବା କିପରି ଏଠି ଝୁରିହେବା
ଋଣୀ ହୋଇ-କୃତଘ୍ନଟେ ହୋଇ ?
ତୁମର ବିଦାୟ ବେଳେ ଦୁଃଖ ନାହିଁ
ଏହା ମିଛ କଥା
ଏ ନୁହେଁ ତୁମର କଥା, ମରମର କଥା
ଏ ନୁହେଁ ଭିତର କଥା, ତୁମ ମନକଥା
ଏ ତ ବ୍ୟଥା-ଯନ୍ତ୍ରଣାର ଉପର ମଲମ
ଯେଣୁ ଏହି ବିଦାୟରେ
ଝରେଲୁହ- ଲହୁପରି, ଲହୁ-ଲୁହ ପରି
ଲହୁଲୁହ-କୋହ-ମୋହ ଭରାଯେଣୁ
ସହସ୍ର ଆଖିରେ
ସେସବୁ ପାଇଁ କି ତୁମେ ନିଜକଥା
ଛାତିତଳେ ଦେଇଛ ଦବାଇ ॥

॥ ୨୪ ॥

ଜାଗାନାହିଁ ପଡ଼ିବାକୁ ତିଳଟିଏ ନୁଖୁରା ଭୂଇଁରେ
ସବୁଥିରେ ବଲବଲ ଯନ୍ତ୍ରଣାର ଚିକିଟା ବିଛଣା
ସବୁଆଡ଼େ ଫିଙ୍ଗାଛଟା ବୁଣା ଅଛି ଲୁହର ବିହନ
ସବୁଆଡ଼େ ଲୁହ ଆଉ ଲୁହର ପ୍ଲାବନ।
ଲୁହ ତଳେ ଲହୁର ସେ ମିଠା ଶାଗତଳା
ଛାତିରେ, ଆଖିରେ ଅବା ମନର ସେ
ଗହୀର ବିଲରେ
କିଏ କହେ ଦୁଃଖ ନାହିଁ, ତିଳେ ଦୁଃଖ ନାହିଁ ?
ତମର ନଥିବ ହେଲେ
ସହସ୍ର ସହସ୍ର କୋଟି ଜନତାର
ଆଖିଭରା, ମନଭରା, ଛାତିଟା ବି ଭରା
ସମଗ୍ର ଧରଣୀ ଆମ ତୁମବିନେ
ଦିଶୁଛି ନୁଖୁରା।
ଏଣୁ ଅଛି ଦୁଃଖ ଅଛି-ଶୋଚନା ବି ଅଛି
କାହିଁକି କହିବି ନାହିଁ
ଆଜି ଯେବେ ସୁଯୋଗ ପାଇଛି
ପାରୁନି ମୁଁ ରୋକି ମୋତେ
ଅବା ମୋର ଭିତର ଜୁଆର
ପାରୁନି କାହାକୁ ରୋକି
କ୍ଷମାଦେବ ଆହେ ଗୁରୁବର ॥

॥ ୨୫ ॥

ତୁମେ ତ ଦେବତା ନିଜେ
ଧରାବୁକେ ଆସିଥିଲ ସାଦରେ ଓହ୍ଲାଇ
ଆଜି କିଂପା ଗଲ ତୁମେ ଏ ପୁର ବାହୁଡ଼ି
ତୁମର ବା କାର୍ଯ୍ୟଶେଷ, ଶ୍ରଦ୍ଧାର ଶେଷ
ସମ୍ଭବ କି ହୋଇପାରେ ଏସବୁର ଶେଷ
କାହିଁଗଲ, ଚାଲିଗଲ, ଅବା ରୁଷିଗଲ
କାହିଁକି ଶ୍ରୀହୀନ କଲ, ତାରା ହୋଇଗଲ ?

॥ ୨୬ ॥

ଅମରାବତୀରେ ଆଜି ଉଲ୍ଲାସର ବାସନ୍ତୀ ଉତ୍ସବ
ସେଠି ଆଲ ସବୁଆଡ଼େ ଦୀପାଳି ସବୁଠି
ଆନନ୍ଦର ସୀମାହୀନ ବିଭବ ସୌରଭ
ବାହୁଡ଼ି ଗଲେଣି ସବୁ ଦେବଗଣ ଅମରାବତୀକୁ
ସୁନାର ହାଟରୁ ଘେନି ଶୁଦ୍ଧ ସୁବର୍ଣ୍ଣକୁ ।
ସେଠିସବୁ ନୀଳନଭେ, ନୀଳାଭ ନୟନେ
ଆନନ୍ଦ-ଆହ୍ଲାଦ ଭରି ହୃଦେ, ମନେମନେ
ଫେରିପାଇ ତୁମକୁ ବା ବହୁଦିନ ପରେ
ଆନନ୍ଦରେ ନାଚୁଥିଲେ
ମେଘଦେଖି ଯେମିତିକା ନାଚନ୍ତି ମୟୂରେ
ନୀଳପଦ୍ମ, ନୀଳକଇଁ, ନୀଳବର୍ଣ୍ଣ ଫୁଲ
ଶୁଦ୍ଧ ଓ ଧବଳବର୍ଣ୍ଣୀ ଯେତେ ହାର
ଯେତେ ଉପହାର
ଅର୍ପିବା ପାଇଁ ତୁମକୁ ସେ ପୁରରେ
ଚାଲିଅଛି ମହୋଜ୍ଜ୍ୱଳ ବିଶାଳ ବେଭାର ॥

॥ ୨୭ ॥

ଏପଟେ ନଗର ଶାନ୍ତ, ବରଫର ଭାତି
ସତେ ବା ସଭିଙ୍କ ମନୁ
ଲିଭି-ପୋଛି, ଧୋଇଅଛି ଆକାଶୁ ପ୍ରଭାତୀ
ଏପଟେ ଅନ୍ଧାର ବସେ
ଯମପରି, ଜମିଦାର ପରି
ଏପଟେ ଅନ୍ଧାର ହସେ
ନିଶମୋଡ଼ି, ବସି ଚେକାମାଡ଼ି
ଏପଟେ ଗୋଧୂଳି ତା'ର ଛାତିପଟି ପଟି
କାନ୍ଦିଉଠେ, ଥରିଉଠେ କୁହାଟି କୁହାଟି
କାହିଁକି ସେ ପାଲଟିଲା ଏଡ଼େ ଯେ ଦାରୁଣ
କାହିଁକି ସେ ଆଣିଥିଲା ମୁହୂର୍ତ୍ତ ସେ
ଏଡ଼େ ଯେ କରୁଣ
କାହିଁକି ପାଲଟିଗଲା କୃତାନ୍ତର ଦୂତ
କାହିଁକି ପାଲଟିଗଲା ଦୁଃଖ ଆଉ ନୈରାଶ୍ୟର ବୃତ୍ତ
ଗୋଧୂଳି ମରୁଛି କାନ୍ଦି
ମରୁଛନ୍ତି ବହି ଗୋଟି ଗୋଟି
ତୁମରି ପରଶ ସବୁ ଖୋଜିଖୋଜି
ତୁମ ବିନେ ତୁମ ସ୍ନେହେ ଆଉଟି ପାଉଟି ॥

॥ ୨୮ ॥

ଖଇ ଓ କଉଡ଼ି ଉଡ଼େ ତୁଳାପରି
ଅବା ଫୁଲପରି
ଶୂନ୍ୟପୃଷ୍ଠା କାଗଜ ପରିକା ଉଡ଼େ
ଛିନ୍ନଭିନ୍ନ ଟୁକୁରା କାଗଜ
ପଡ଼େ ଝଡ଼ି ଝଡ଼ିପୋକା ପରି
ଶବ୍‌ଦ ତୁମ ସ୍ପର୍ଶ ତୁମ ହୃଦୟର
ଝୁରିଝୁରି- ଖାଲି ଝୁରି ଝୁରି ॥

|| ୨୯ ||

ଖଇ ଓ କଉଡ଼ି ଉଡ଼େ ଏପୁରରେ
ସେପୁରରେ ଉଡ଼େ ଶୁଭ୍ର ଫୁଲ
ଏପୁରରେ ଫୁଲମାଳ
ସେପୁରରେ ହୀରକର ହାର
ଏପୁରରେ ରଡ଼ି ଓ ବୋବାଳି
ସେପୁରରେ ହୁଳହୁଳି-ବିପୁଳ ସ୍ୱାଗତ
ସାରାପୁର କଂପିଗଲା, ପୂରିଗଲା, ଭରିଗଲା
ଏପାରିରେ ଫୁଲ ସବୁ ବଗିଚାରୁ
ଆଖିରୁ ଓ ମନରୁ, ଆତ୍ମାରୁ
ଝରିଗଲା- ମରିଗଲା- ମଉଳିବି ଗଲା
ସେପାରିରେ ହୁଳହୁଳି-ଶଙ୍ଖନାଦ
ହେଲା ସମୁଦ୍‌ଗତ ||

॥ ୩୦ ॥

ସମସ୍ତ ଦେବତା, ଆଉ ସମସ୍ତ ସଦସ୍ୟେ
ଯାଇ ତୁମେ କଲ ଆଲିଙ୍ଗନ
ସର୍ଭିଁଏ ଉଠିଲେ ପୂରି ସାରାପୂରେ ହସିଲେ ଦେବତା
କାନ୍ଦିଲେ ମଣିଷ ଏଠି ଧରାତଳେ
ହେଲା ସେଠି ଶୋଭାର ବର୍ଦ୍ଧନ
ହେଲା ସେଠି ସର୍ଭିଁଙ୍କର ମନୋବାଞ୍ଛାପୂର୍ଣ୍ଣ ॥

॥ ୩୧ ॥

ରାଧାନାଥ, ଲକ୍ଷ୍ମୀକାନ୍ତ, ଫକୀରମୋହନ
ସାଦରେ ପାଛୋଟି ନେଲେ
ଜଣାଇଲେ ଶୁଭାଭିବାଦନ
ପୂରିଗଲା ପୁର ସେଠି
ସରିଗଲା ଏ ପୁରର ଖେଳ
ଶବ୍ଦ ସବୁ ହଜିଗଲେ
ତୁମ ସ୍ୱର ପଛେପଛେ ଚାଲିଗଲେ ବୋଧେ
ମିଳୁନି ଗୋଟେବି ଶବ୍ଦ
ବହିରେ ବା ଖାତାରେ ବା କେ ପାଠାଗାରରେ ॥

॥ ୩୨ ॥

ସେଠିଥିବ ସବୁକିଛି ହେଲେ ଶେଷେ
ବୋଧେ ଥିବ ଅଭାବ କେଉଁଠି
ହୁଏତ ନଥିବ ମନ ସେଠି ତୁମ
ଯେଣୁଥିଲା କହିବାର ରହି ଏଠି କିଛି;
ଥିବ ସେଠି ହୀରା-ନୀଳା
ଥିବ ସେଠି ସୌମେଚକ ଶୁଦ୍ଧ ପଦ୍ମରାଗ
ଥିବ ସେଠି ପାରିଜାତ
ଥାଇପାରେ ନନ୍ଦନକାନନ
ଶବ୍ଦର ଲୋଡ଼ା ସେଠି ନାହିଁ ଜମା
ହୋଇପାରେ ମନେ ମନେ ଚିନ୍ତାରେ ସବୁ
ଥାଇପାରେ ପାଟପାଗ ଥାଇପାରେ ନୃତ୍ୟ ମନୋହାରୀ
ହେଲେବି ଶେଷରେ ଲୋଡ଼ା ଲେଖନୀଟେ
ଯେଣୁ ତୁମେ ଶବ୍ଦର ବିନ୍ଧାଣୀ
ଅମରାବତୀର ସବୁ ଶାନ୍ତି ସତ୍ତ୍ୱେ
ନଥିବ କେବେବି ଶାନ୍ତ-କାନ୍ତ ତୁମ ମନ
ଯେଣୁ ତୁମେ ରଚିଥାଅ ଏ ମର୍ତ୍ତ୍ୟରେ
ମୃତ୍ୟୁମଧ୍ୟେ ଜୀବନର
ଅମୂର୍ତ୍ତ ଓ ଅମୃତ କାହାଣୀ
ଥିବ ସେଠି ଅପୂର୍ବ ବିରାଗ
ଯେଣୁ ଏଠି ଅଛି ତୁମ ଆପଣାର ଅତି ଅନୁରାଗ ॥

।। ୩୩ ।।

ମଇ ମାସ ଶେଷଦିନ ପୂରିଗଲା ମାସ
ପୂରିଗଲା ଦିନ-ଦଣ୍ଡ-ପୂରିଲା ଆୟୁଷ
ସୂର୍ଯ୍ୟବି ବୁଡ଼ିଗଲା ବୁଜିଦେଲା ଆଖି
ଦେଖି ଶତ ଶତ ମୃତ୍ୟୁ ନପାରିଲା ଦେଖି
ଲଜ୍ଜାରେ-କଷ୍ଟରେ ଯାଇ ପାହାଡ଼େ ଡେଇଁଲା
ଉପହାର ରୂପେ ନିଜ ପ୍ରାଣବଳି ଦେଲା
ଗୋଧୂଳି ଧିକ୍‌କାର କଲା ମାତୃତ୍ୱକୁ ନିଜ
ଯେଣୁ ସେ ଜନନୀ ଥିଲା ସେଇ ମୁହୂର୍ତ୍ତର
ଯାହାହେଲା ମରଣର ମହାକାଳ ଦୂତ
ସତରେ କି ଛିଣ୍ଡିଗଲା ସବୁ ବୀଣା ତା'ର
ସତରେ କି ଭାଂଗିଗଲା ସେ କଳା ବଇଁଶୀ
ସତେକି ବେସୁରା ହେଲା ବାଲେଶ୍ୱର
ନୀରବରେ ତୁମ ମୁରଲୀର ??

॥ ୩୪ ॥

ଆଜି ଆଉ ଜଳିବନି ଧୂପଦୀପ
ଲାଗିବନି ତୁମ ଅର୍ଘ୍ୟଥାଳୀ
ଯେଣୁ ତୁମେ ନିଜେନିଜେ
ଆମର ଏ ବଗିଚାରୁ
ଏକମାତ୍ର ଯୋଗ୍ୟତମ ତୁମ ପୂଜାଫୁଲ
ତୁମେ ନିଜେ ନେଇଅଛ ତୋଳି ॥

॥ ୩୫ ॥

ତୁମେ ସିନା କରିଦେଲ
ତାଙ୍କୁ ଆମ ଚକ୍ଷୁଦେଶୁ ଦୂର ବହୁ ଦୂର
ପାରିବ କି ପୋଛି କେବେ
ତଦୀୟ ଅକ୍ଷର କୀର୍ତ୍ତି, ସ୍ମୃତି ଚିତ୍ର
ଆମ ଛାତି, ଆମ କଲିଜାରୁ ?
ପାରିବ ଉଦୟ ରୋକି
ପ୍ରତିଦିନ- ପ୍ରତି ମୁହୂର୍ତ୍ତରେ
ଆମ ଏଇ ହୃଦୟରୁ- ମନର ଚକ୍ଷୁରୁ ? ?

॥ ୩୬ ॥

ଜୟ ହେଉ ତୁମର ଓ ତୁମରି କୀର୍ତ୍ତିର
ଜୟ ହେଉ ଶଙ୍ଖ-ଚକ୍ର-ଗଦା-ପଦ୍ମଧାରୀ
ଆହେ ଜୟ ନାମଧାରୀ ଗୋଲୋକବିହାରୀ
ତମେ ଯେତେ ଜୟ ଜୟକାର ନେଲେ ସୁଦ୍ଧା
ଭୁଲିପାରିବନି କେବେ, କେଉଁ କାଳେ
ଆମ ଏ ବସୁଧା
ଯେଣୁ ସେ ମଣିଷ ନୁହେଁ
ଥିଲେ ଜଣେ ନରରୂପୀ ମଉନ ବ୍ରାହ୍ମଣ
ଅଶେଷ-ଅଖଣ୍ଡ ଋଣ
ତାଙ୍କର ଆମଠାରେ, ସେ ଆମ ଦେବତା ॥

॥ ୩୭ ॥

ଏଇ ବାଲେଶ୍ୱର ଆଉ ଆମରି ଓଡ଼ିଶା
ସବୁର ନନ୍ଦନ ସିଏ, ନନ୍ଦନ-କମଳ,
ଏଇ ବନେ ଶୋଭାମୟ, ସେଥିଲେ ଚିନ୍ମୟ
ପ୍ରଭାତୀ ତାରାର ନେଇ ଅନେକ ସଂଦେଶ
ତାଙ୍କର ଲେଖନୀ ଥିଲା ସତତ ମୁଖର
କେତେ ଯେ ବିତରିଛନ୍ତି ବରାଭୟ
କେତେ ସସ୍ୱାହସ
କେତେ ଯେ ଭୁବନ ଏଠି ମୋ'ପରି
ଯାଇଚି ଚହଟି
କେତେ ମନେ ଯାଇଅଛି ଖେଳି
ଆନନ୍ଦର-ଆଲୋକର-ପ୍ରଜ୍ଞାର ତରଳ ଲହରୀ
ସତେ ହରି ତାଙ୍କୁ ହରି ସବୁଦିନ ଯାଇଅଛି ହାରି ॥

॥ ୩୮ ॥

କବି ନୁହେଁ, ନିରୁତା ମଣିଷ
ତାଙ୍କ ବିନୁ ସତେ ଦିଶେ
ଲେଖନୀରୁ ଝରିବାର କେବଳ ପାଉଁଶ
ତମେ ସେଠି ହସ
ପରମପିତା ବୋଲାଅ ସଂସାରରେ ତୁମେ
ଆଜି ତୁମେ ଛଡ଼ାଇ ନେଇଛ
ସହସ୍ର ସହସ୍ର ତୁମ ସନ୍ତାନର
ଛାତିର-ମାଟିର-ଶୋଷ, କ୍ଷୁଧା ଓ ବିଶ୍ୱାସ
ତମେ ସତେ ପାଲଟିଛ
ଏସବୁ ଭିଆଇ ଏକ ବଡ଼ ଅବଶୋଷ ॥

॥ ୩୯ ॥

ସତ୍‌-ଚିତ୍‌-ଆନନ୍ଦର ଅମୃତ ତ୍ରିତୟ
ସତେ ବା କିପରି ହେଲ ତୁମେସବୁ
ବେରହମ୍‌, ବେସୁରା ଓ ଏତେ ନିର୍ଦ୍ଦୟ
ତମେ କି ଆନନ୍ଦ ବାଣ୍ଟ ଜଗତରେ
ଲୁହଦେଇ, ଲହୁ ଦେଇ;
ଭରିଦେଇ ବିବରରେ ଯନ୍ତ୍ରଣା ଅକ୍ଷୟ
ଛାତିରେ ଉଛୁଳି ଆସେ କୋହ ହଳାହଳ
କି ଲାଭ ପାଇଲ ତୁମେ ଘେନିନେଲ ତାଙ୍କୁ
କି ଲାଭ ପାଇଲ ଅବା କରି ଏ ଅମଳ ??
ତମେ ମାନୀ, ତମେ ଜ୍ଞାନୀ, ତମେ ମହାଦାନୀ
ଆଞ୍ଜୁଳା ପତାଇ ଆମେ ମାଗୁଅଛୁ
ହୃଦପାତି, ଛାତିପାତି,
ମଥାପାତି, ପାତି ଆମ କାନି
ସହଳେ ଫେରାଇ ଦିଅ ଆମ ଧନ
ଯଦି ତୁମେ ପ୍ରକୃତରେ ଧନୀ ॥

॥ ୪୦ ॥

ଦେହଟା ଭଲନଥିଲା,
କହୁବି ନଥିଲେ କେବେ କଷ୍ଟବୋଲି ତାଙ୍କୁ
କାହାକୁ ପାଇଲେ ଦେଖା
ଅବା ଏକ ସାଥୀଟିଏ, ସାମାନ୍ୟ ବହିଟେ
ଖେଳୁଥିଲେ ଆନନ୍ଦରେ ଶବ୍ଦ ସହ
ଅନ୍ତାକ୍ଷରୀ ଆଉ ଲୁଚକାଳି
କେ ଶବ୍ଦ ଉହାଡ଼େ ଗଲେ
ଏବେ ଲୁଚି
ଆଉ ଫେରି ପାରୁବି ନାହାଁନ୍ତି
ସବୁ ଶବ୍ଦ ଖୋଜୁଛନ୍ତି
ଖୋଜୁଛନ୍ତି ସବୁ ପ୍ରିୟଜନ
ଏତିକିରେ ଲୁଚକାଳି ଖେଳସରୁ
ଶେଷହେଉ ଏ ଭୟ ଦୁଃଖରେ
ସମସ୍ତେ ବି ତୁମବିନେ ହେଲେଣି ଅଥୟ
ଆମେସବୁ ହାରିଲୁଣି ତମବିନୁ ଅନେକ ଆଗରୁ
କରୁଅଛୁ ଏବେ ତୁମ ବିଜୟର ଶେଷ ଉଦ୍‌ଘୋଷଣା
ଆସଫେରି ଆମପାଶେ
ଆସ ସେହି ଆତ୍ମୀୟତା-ଦାମ୍ଭିକତା ନେଇ ॥

॥ ୪୧ ॥

ହେ ମାୟାବୀ ବିଶ୍ୱରୂପ, ଆହେ ବାସୁଦେବ
ତମର ବା ଲୋଡ଼ାଯଦି ସାଥୀଟିଏ
ବନ୍ଧୁଟିଏ- ଗପିବା ଲୋକଟେ
ତମେ ବା ଆସନ୍ତ ଚାଲି ଏଇବାଟେ
ଏଇ ଗଛମୂଳେ
ଏଇ ବିଶ୍ୱଶିରୀ ନାମ୍ନୀ- ଏଇ ଛପାକଳେ
ଯେଉଁଠି ଛପୁଛି ସବୁ ତୁମରି ଖବର
ଯେଉଁଠି ଛପୁଛି ସବୁ ତୁମରି ଭିଆଣ
କି ମନ୍ତ୍ରଣା କଲ ତୁମେ, ନିଜେ ଜାଣିଥିବ
ଜାଣିବି ପାରିଲୁ ନାହିଁ ତମ କଥା ଆମେ
ଆସିଲନି ଗପିବାକୁ ଯଦି ବି ସେଠାକୁ
ପାରିଥା'ନ୍ତ ଆସିଥରେ ତାଙ୍କରି ଘରକୁ
ହେଲେ ତୁମେ କପଟିଆ
ହେ ମହା ଈଶ୍ୱର
ତୁମେ କେଡ଼େ ସ୍ୱାର୍ଥପର
କେଡ଼େ ଲୋଭୀ ତୁମେ
ଆସ୍ତେ ଆସି ଫୁସୁଲେଇ
ନେଇ ଚାଲିଗଲ,
ଚାଲିଗଲ ଚାହିଁଲନି ଥରେ ଏବି ଫେରି
ଆମେ ବା ସହସ୍ର ପ୍ରାଣ
ଝୁରିଝୁରି ଆତ୍ମା ବିନା ଆମ
ଏ ଧରାରେ ଏ ମରାରେ-ଏ କାରାରେ
ବୁଝିଲନି, ବଂଚିବା କିପରି ॥

॥ ୪୨ ॥

ପାରିନି ତ ଦେଇ ସତେ
ତୁମକୁ ମୁଁ କିଛିବୋଲି କିଛି ସତେ ଦେଇ
କେବଳ ପାଇଛି ମୁହିଁ
ପାଇଛି ଓ ତୁମଠାରୁ ନେଇଛି ଗୋଟେଇ
ପ୍ରଭାତୀ ତାରାର ଆଭା, ବିଭା ଆଉ ଶୋଭା
ସବୁ ମୁଁ ପାଇଛି ତୁମ ଠାରୁ
ତୁମ କୃପା
ଆଜି ସେ ଆଲୋକ ସତେ
ଧାଉଁଛି ମୋ ଶିରାରେ ଶିରାରେ
ବାଷ୍ପରେ ଯାଇଛି ମିଶି ସେ ଆଲୋକ
ଲହୁ ମୋର ହୋଇ
ହଜିଛି ଆମର ସବୁ କ୍ଷୁଧା ଆଉ
ସମସ୍ତ ପିପାସା
ତମରି ଆଶିଷ ବିନା, ତୁମ ହସ ବିନା
କିଛି ଭଲଲାଗେ ନାହିଁ,
ଲାଗେ ସବୁ ବାଟ ଏଠି ନିରାଶା ନିରାଶା ।

॥ ୪୩ ॥

ତୁମର ଦମ୍ଭିଲା ଆଖି, ତୁମ ସ୍ଥିର ଆଖି
ତୁମର ମୁରୁକି ହସ, ତୁମ ସ୍ମିତ ହସ
ସତେଥିଲା ଆମଲାଗି
ନିଶ୍ୱାସ ଓ ବିଶ୍ୱାସର ବଡ଼ ବୁନିୟାଦ
ଆମର ବା ଶକ୍ତି କାହିଁ ହସିବାର
କାହିଁ ଶକ୍ତି ଦମ୍ଭିଲା ହେବାର ?
ତୁମବିନା ହସିବା ବା
ତୁମପରି ଦମ୍ଭିଲା ହେବାର
କାହିଁବା ସାମର୍ଥ୍ୟକାର ସାହାସ କାହାର ?
ଏଣୁ ତୁମେ ଆସ ଫେରି
ସମୟର ରଥେ ବସି ମନ୍ତ୍ରଦାତା ପରି
ସାରଥୀ ଜନ୍ମର ହେଉ ସାର୍ଥକତା
ଦିଶୁ ପଥ ଶତ ଶତ ପାର୍ଥଙ୍କୁ ଏଥର
ସାରଥୀ ନାମର ହେଉ ସଫଳତା
ଭାଂଗିଯାଉ ମୋହସବୁ
ବିଶ୍ୱରୂପ ଠାରୁ ଦାମୀ ସ୍ମିତହାସ ଦର୍ଶନେ ତୁମର
ହେଉ ଏହି ମହାଯାତ୍ରା ତୁମ ଜୟଯାତ୍ରା
ହେଉ ଏହି ମହାଯାତ୍ରା
ବାଟ ତୁମ ଫେରି ଆସିବାର
ହେଉ ଏହି ମହାଯାତ୍ରା
ତୁମେ ପୁଣି ଆରୋଗ୍ୟ ହେବାର
ଏଣୁ ତୁମେ ଆସ ଫେରି
ଶୀଘ୍ର ଆସ ଫେରି
ସହଳ ସହଳ ଆସ, ତୁମେ ଆସ
ଓଠେ ତୁମ ସେଇ ହସ
ଚାହାଣିରେ ସେଇ ଚମକ ଓ ଦମ୍ଭ ଧରି ॥

॥ ୪୪ ॥

ଏ ପୁଣି କେମିତି ସତ୍ୟ, କେମିତି ଧରମ
ଧାରିବା ବଦଳେ ଯିଏ ଚିରେ ଶତ ସହସ୍ର ମରମ
ଆଲୋକ ବଦଳେ ଯିଏ ଭରିଦିଏ
ଅନ୍ଧାରରେ ସହସ୍ର କୋଠରୀ
ଏ ପୁଣି କେମିତି ସତ୍ୟ
ଯାହା ଅଛି ଧର୍ମ ଠାରୁ ଦୂରେ
ଏ ପୁଣି କେମିତି ସତ୍ୟ ଲୁଟେ ଯିଏ
ମହାଧନ ଦିନ ଦ୍ୱିପହରେ
ଏ ପୁଣି କେମିତି ଧର୍ମ
ଡକାୟତି କରେ ଯିଏ ଶତ ବିଶ୍ୱାସର
ଏ ପୁଣି କେମିତି ଧର୍ମ
ଲୁଟେ ଯିଏ ସହସ୍ର ସହସ୍ର କୋଟି ବିଶ୍ୱାସ ନରର
ଏହା ପୁଣି ସୃଷ୍ଟିରେ ତବ
କି ପୁଣି ଅଜବ ଲୀଳା
କେଉଁପରି ଅଜବ କାଏଦା
ଅଛି କି ଏଥିରେ ତମ ଆତ୍ମାଶାନ୍ତି ପ୍ରଭୁ
ତମେ ପରା ପରମାତ୍ମା
ନିର୍ବିକାର, ନିରାକାର, ସଗୁଣ-ନିର୍ଗୁଣ
ତମେ ପରା ମହାଆତ୍ମା
ଶାଶ୍ୱତ-ଭାସ୍ୱତ ଆଉ ଅପ୍ରାକୃତ
ତମେ ପା' ପରମପିତା
ପୃଥିବୀର, ସାରା ସଂସାରର
ପୁଣି ତୁମଠାରେ
ରହିଛି କିପରି ସ୍ୱାର୍ଥ, କେଉଁ ବା ଫାଇଦା
ହେଲେ ସିନା କଲ ତୁମେ
କେଉଁପରି ନିଷ୍ଠୁର-ନିର୍ମମ
ନରହୀନ-ପ୍ରାଣହୀନ-ବେଦରଦୀ ବର୍ବର ସଉଦା ? ?

॥ ୪୫ ॥

ଏ ନିସର୍ଗ ରଂଗଭୂମି-ଏଇ ମଞ୍ଚଭୂମି
ନିହାତି ଭରସାହୀନ, ଦଗାଦିଆ-ବିଶ୍ୱାସହୀନ
ତୁମେ ପ୍ରଭୁ ଜଣେ ନଟ, ତୁମେ ମହାନଟ
ବିରାଟ-ବିରାଟ ବୋଲି ଡାକମାର ସିନା
ତୁମେ ଆଜି ଆମପାଖେ ହୋଇଗଲ ଛୋଟ।
ଏଥିପାଇଁ ହେଲ ତୁମେ ବେଦରଦୀ
ଆମରି ଆଖିରେ
ଏଥିପାଇଁ ହେଲ ତୁମେ କରୁଣା ରହିତ
ଆଖି ହୋଇପାରେ ପାପୀ ଆଖି
ହୋଇପାରୁ ଆମେସବୁ ଜଣେ ଜଣେ
ନିର୍ବଳ ନିରାଟ
ତଥାପି ଆମର ଅଛି ସ୍ୱାଭିମାନ
ଅଛି ଆମ ଆଖିଟେକି ଚାହିଁବାର ଦମ୍ଭ
କିନ୍ତୁ ତୁମେ ଯାହାକଲ,
ରଚିଗଲ ଯେଉଁସବୁ ସ୍ତମ୍ଭ
ଖବରକାଗଜ ଏବି ଥରିଗଲା
ଭେଦିଗଲା କାଳିମାରେ, ଅଜସ୍ର ଲୁହରେ
ତମେ ଯାହାକଲ, ଯାହା ଜଣକୁ ମାରିଲ
ତାହାନୁହେଁ ମୃତ୍ୟୁ ଖାଲି ଜଣଙ୍କର
ବିଶ୍ରି ଏକ ନିର୍ଦ୍ଧିଷ୍ଟ ବ୍ୟକ୍ତିର
ସେ ବିଶ୍ରି ଘଟିଛି ସାରା ଅନୁଷ୍ଠାନଟାର
ଆରମ୍ଭ ହୋଇଛି ମୃତ୍ୟୁ ଜଣଙ୍କର
ଆମର ଓ ସମସ୍ତର, ସହସ୍ର ଜନର
ଯେଣୁ ତାହାଥିଲା ଖାଲି
ମରଣର ଶୋଭାଯାତ୍ରା, ମୃତ୍ୟୁର ଆରମ୍ଭ ॥

॥ ୪୬ ॥

ପ୍ରଶାନ୍ତ ବଦନେ ତୁମେ ରହୁଛ କେମିତି
କେମିତି ମୂହୁର୍ତ୍ତ ସବୁ ସହଜରେ
ତୁମର ବା ଯାଏ ସବୁ ବିତି
ସତ୍ୟର ରକ୍ଷକ ବୋଲି ବୋଲାଉଛ
ନିଜେଇ ନିଜକୁ
ଅଥଚ ଛଡ଼େଇ ନେଲ ଶବ୍‌ଦ ସବୁ
ଧର୍ମମୂଳେ- ସତ୍ୟବାଣୀ ସବୁ
ଅଥଚ ଉଠେଇ ନେଲ
ସତ୍ୟର ଶ୍ରଦ୍ଧାର ଆଉ ଆଲୋକର
ପ୍ରଚାରକଟାକୁ!!

॥ ୪୭ ॥

ତୁମ କଥା, ସୂର୍ଯ୍ୟାସ୍ତର କଥା
କାନରେ ପଡ଼ିଲାବେଳେ
ସତେ ଥିଲି ତୁମପାଖେ, ତୁମ ଘରପାଖେ
ସତେକି ଅଜବ ଏକ ଆକର୍ଷଣ
ସତେ ଏକ ଅଜବ ଦଉଡ଼ି
ଭିଡ଼ି ମୋତେ ନେଇଥିଲା,
ନେଇଥିଲା ତୁମ ପାଶେ ଭିଡ଼ି।
ହେଲେ କି ରହିଲ ତୁମେ
ଲାଭ କ'ଣ ହେଲା ଅବା
ସେଠାକୁ ମୁଁ ଯାଇକି ଦଉଡ଼ି
ହେଲେ ମୁଁ ବୁଝିଲି ଆଜି
ଏଇ ମୁହୂର୍ତ୍ତରେ
ତୁମର ସେ ଆକର୍ଷଣ
ତୁମର ସେ ନିଷ୍କପଟ ଭାବ
ସତରେ ବିଦାୟ ଲାଗି ଡାକିଥିଲା ମୋତେ
ମୋ ଆତ୍ମା ବା ଦରିଦ୍ର ଲଲାଟ,
ଶେଷଥର ପାଇଁ ଏଠି
ହୋଇ ମଧ୍ୟ ପାରିଲାନି ଭେଟ ॥

॥ ୪୮ ॥

ତୁମର ମୋହର ଅବା କି ସଂପର୍କ
ଭାବୁଥିବ କିଏ କି ପ୍ରକାରେ
ମାତ୍ର ସେ ଦୁଇଟି କ୍ଷଣେ
ମାତ୍ର ସେଇ ଭେଟ କେଇଟାରେ
ଆମରି ଆତ୍ମାର ବୋଧେ
ପୂରିଥିଲା-ବହୁଦିନ ଆଶା
ସେ ଆମ ବନ୍ଧୁତା ଆଉ
ଗୁରୁ-ଶିଷ୍ୟ- ପିତା-ପୁତ୍ର
ନାତି ଆଉ ପ୍ରପିତା ସଂପର୍କ
ସତରେ ଆତ୍ମୀୟ କେତେ
ସତେ ଆମ କେତେ ଆକର୍ଷଣ
ମୁଁ ଜାଣେ ନିଶ୍ଚିତ ତୁମେ
ଆସିଯିବ ଫେରି
ନଚେତ୍ ମୁଁ ଯିବି ଶୀଘ୍ର
ତୁମ ହାତଠାରେ ଆଉ ତୁମରି ଆତ୍ମାର
ନିବିଡ଼ ଆଶ୍ଳେଷ ଭରା ଆର୍ଦ୍ର ଡାକରାରେ ॥

॥ ୪୯ ॥

ଭାବୁଛ କି ଭୁଲିଯିବ
ଭାବୁଛ କି ହଜିଯିବ
ଏସବୁ ସଂପର୍କ ଆଉ ଏସବୁ ମୁହୂର୍ତ୍ତ ?
ହୋଇପାରେ ସମ୍ଭବ ହୁଏତ
କିନ୍ତୁ କି ପାରିବ ଭୁଲି
ତୁମ ଆତ୍ମା, ତୁମ ପଞ୍ଚକୋଷ
ଆମର ସେ ଆଖିର ସଂଳାପ
ଆମର ଦୁଇଟି ଆତ୍ମା ବସିଥିଲେ ସେଠି
ତୁମର ଆତ୍ମାଟି ଥିଲା ତୁମରି ସାମ୍ନାରେ
ମୋ ଆତ୍ମାଟି ମୋହରି ସାମ୍ନାରେ
ମୁଁ ଥିଲି ଚୌକିରେ ବସି
ତୁମେ ଥିଲ ଚୌକିରେ ବସି
ତୁମର ପଛରେ ଥିଲା
ତୁମ ସବୁ ଶବ୍ଦର ଫସଲ
ତୁମର ସେ ଚୌକି ପଛେ
ଚାହିଁଥିଲେ ତୁମରି ଶବ୍ଦ-ଅର୍ଜିତ
ଗୋଟିଗୋଟି, ଧାଡ଼ିଧାଡ଼ି ସମସ୍ତ ସ୍ମାରକୀ ॥

|| ୫୦ ||

ଆତ୍ମାର ସେ ସଂଳାପ ଅଜବ
ତାକୁ ଏଠି ବୁଝିବାକୁ ତୁମଛଡ଼ା
କାହିଁ କେଉଁଠାରେ କିଏ
ଅଛି ବା କେ ଲୋକ ?
ଆତ୍ମା ଆମ, ମନ ଆମ, ଆଶ୍ଳେଷ ଆମ
ସତରେ ନିବିଡ଼ ଅତି
ଅଟେ ପୁଣି ଶବ୍‌ଦହୀନ, ପୂରା ଶବ୍‌ଦହୀନ
ଶବ୍‌ଦରେ ପାରିବ କିଏ କହି ତାକୁ
କିଏ ଅବା ପାରିବ ପ୍ରକାଶି
ମୁଁ ବା ପାରିବି କେବେ
କେଉଁଠାରେ, କେମିତି କେମିତି
ଯେଣୁ ତୁମେ ନେଇଅଛ
ସବୁ ଶବ୍‌ଦ ମୋର
ମୋ ଅନ୍ତର ତୁମଠାରେ
ସାଦରେ ସାଇତି ॥

॥ ୫୧ ॥

ସତରେ ଆଜିବି-ଲାଗେ, ଏବେ ଲାଗେ
ତୁମେ ଅଛ, ତୁମେ ଅଛ, ପୂର୍ବପରି ନିଜପରି ଅଛ
ତୁମେ ଦେଖୁଅଛ ମୋତେ, ମୋତେଇ ଚାହିଁଛ
ପ୍ରଶାନ୍ତ-ଶୀତଳ ନେତ୍ରେ ସତେ ତୁମେ
ରହିଛ ଅନାଇ
ସବୁ ଦୁଃଖ ସବୁ କଷ୍ଟ ସତେ ତୁମେ
ନେଉଛ ଛଡ଼ାଇ
ତଥାପି କେଜାଣି କାହିଁ ଲାଗେ ଆଜି
ଭାରି ଭାରି ଲାଗେ ଆଜି ଭାରି
ସବୁତ ଜଳୁଛି ବତୀ
ତଥାପି କାହିଁକି ଲାଗେ ଅନ୍ଧକାର
ରାତି ରାତି ଆଉ ଖାଲି ରାତି ॥

॥ ୫୨ ॥

କେଉଁଠିକି ଯିବି କୁହ
କେଉଁଠିକି ଯିବି ମୁଁ ପଳାଇ
କେଉଁଠି ଲୁଚିବି କୁହ, କାହାଠାରୁ
ଯେଣୁ ତୁମେ ଅଛ ସବୁଆଡ଼େ
ଅଛ ମୋ ଛାତିର ପ୍ରତି କୋଠରୀ ଭିତରେ
ଯିବି କାହାଠାରୁ ଦୂରେ
ପାରିବିକି ନିଜଠାରୁ ଦୂରକୁ ପଳାଇ ?
ପାରିବିକି ଲୁଚି କେବେ
ତୁମଠାରୁ, ମୋ'ଠାରୁ
ଅଥବା ମୋ ଛାଇ ଠାରୁ କେବେ ? ?

।। ୪୩ ।।

ଯେଣେ ଯାଏ, ଯେଣେ ଲୁଚେ
ଗୃହେ, ବନେ, ରାସ୍ତା, ଘାଟେ
ଗଗନରେ ଅବା ନିରୋଳାରେ
ଭିଡ଼ ଅବା ଆଲୋକରେ, ଅବା ଅନ୍ଧକାରେ
ତୁମକୁ ପାଏ ମୁଁ ସେଠି
ସଜନରେ ବିଜନରେ
ସ୍ୱପନରେ-ଜାଗରଣବେଳେ ।
ସବୁବେଳେ ତୁମ ଆଖି, ତୁମ ସ୍ୱର
ସବୁବେଳେ ମଥାମୋର
ଅନୁଭବେ ପରଶ ତୁମର
କେତେ ଯେ ଆଲୋକ ଅବା
କେତେ ଅବା ଜ୍ୟୋତି
କେତେ ଆଶୀର୍ବାଦ ସତେ
ଦେଇଛ ନିଗାଡ଼ି
କେତେ ତା'ର ଦୀପ୍ତି ସତେ କେତେ ତା'ର ଦ୍ୟୁତି !
ସତେକି ସେ ଦିବ୍ୟାଲୋକ ଯିବ ଲିଭିକେବେ
ଆସିଯିବ ଅନ୍ଧକାର ଆସିଯିବ ରାତି,
ସତେକି ବା ପୋଛିନେବ ଅନ୍ଧକାର ନିଦ ମୋର
ଗାମୁଛାରେ ତା'ର ? ?

॥ ୫୪ ॥

ମର୍ମଭେଦି, କର୍ମଭେଦି, ଧର୍ମମୋର ଭେଦି
ସତରେ ଯାଇଛି ଭେଦି
କଥା ତୁମ, ଆଶୀର୍ବାଦ ତୁମ,
ତୁମ ବାଣୀ ଥିରି ଥିରି
ନରମ ପାଦରେ ଚାଲି, ଚାଲିବୁଲି
ଆସି ବସେ ଆରାମରେ
ଆସି ପଶେ ମହାଆରାମରେ
ମୋ ହୃଦର ଗହୀର ଦେଶରେ
ସେଠାରେ ଥରାଏ ତୁମ ନିବିଡ଼ ପରଶ
ଥରେ ମୋର ଦେହ-ମନ
ଥରିଯାଏ ଆତ୍ମା ମୋର ସେଠି
ସେଠି ମରେ ରତ୍ନାକର ଦସ୍ୟୁ ଶତ
ଜନ୍ମ ହୁଏ ବାଲ୍ମିକି ସେଇଠି
ତୁମେ ସତେ ଚେତନାର ଚିନ୍ମୟ ମୋର
ତୁମେ ସତେ ମୋର ଖାଲି ମୋର
ଆଉ ଏଇ ଧୂଳିମାଟି ଶବ୍ଦ ଜଗତର ॥

॥ ୫୫ ॥

ଜାଣିଛି ଆସିବ ଫେରି
ନେଇ ଉପହାର
ପିନ୍ଧିଥିବ ଶବ୍‌ଦ ତୁମେ
ଧରିଥିବ ଶବ୍‌ଦ ଗୁଚ୍ଛ ଗୁଚ୍ଛ
ଶବ୍‌ଦର ସିନ୍ଦୁକ ନେଇ ଆସିଯିବ
ନେଇ ସବୁ କଥାବାର୍ତ୍ତା ନୂଆ ଶବ୍‌ଦଙ୍କର
ଯେଉଁ ଶବ୍‌ଦ ହଜିଲେଣି ବହୁଦିନୁ
ଯେଉଁ ଶବ୍‌ଦ ପୁରୁଣା ଦିନର
ତୁମେ ତ ଆସିବ ନେଇ, ଫେରି ଏଠି
ଏଇ ପୃଥିବୀକୁ
ତୁମେ ସତେ ଆସିଯିବ କରି ଶଗଡ଼ଟେ
ଯେଣୁଥିବ ଅନେକଟା ଶବ୍‌ଦ ଆଉ
ଅନେକଟା ଶବ୍‌ଦର ଫୁଲ
ତୁମେ ତ ଆସିବ ଫେରି ଏ ଧରାକୁ
ଯେଣୁ ତୁମେ ଏ ଶବ୍‌ଦକୁ ଭାରି ଭଲପାଅ ॥

॥ ୫୬ ॥

କେମିତି ପାରିବ ରହି ଶବ୍ଦ ବିନା
ଶବ୍ଦ ଖେଳ, କଥାବାର୍ତ୍ତା, ଶବ୍ଦର
ଉତ୍ସବ ବିନା-
କେମିତି ପାରିବ ରହି ମାଟି ବିନା
ଏଇ ଧୂଳି ବିନା ?
କେମିତି ପାରିବ ରହି ଧରା ବିନା
ଏଇ ଧାରା ବିନା
ଶବ୍ଦ ତ ଜୀବନ ନୁହେଁ ଆତ୍ମା ତୁମ
ଶବ୍ଦ ତୁମ ଜୀବନ ଆତ୍ମାର ।
ଶବ୍ଦ ଓ ଶ୍ରଦ୍ଧା କି କେବେ
ତୁମଠାରୁ ପାରିବେ ଦୂରେଇ ?
ସତରେ ବା ଶବ୍ଦ ସାଥେ
କରିବକି ଛିନ୍ନ ସବୁ ସଂପର୍କ ଓ ସମସ୍ତ ବେଭାର !!

॥ ୫୭ ॥

ତୂଣୀର ରେ ନାହିଁ ମୋର ଶବ୍ଦ ଆଉ
ମନ୍ତ୍ର ଆଉ ନାହିଁ ମୋ ବକ୍ଷରେ
ଦେବାକୁ ଝରାଇ ବର୍ଷା
କରିବାକୁ ବାରିପାତ ଏ ଧରା ବକ୍ଷରେ
ତୁମେ ସତେ ଥିଲ ଦ୍ରୋଣ, ପର୍ଶୁରାମ,
ତୁମେ ଥିଲ ସାନ୍ଦିପନୀ, ଥିଲ ଗୋ ବଶିଷ୍ଠ
ଥିଲ ତୁମେ ଦଧିଚିଟେ
ଥିଲ ତୁମେ କର୍ଣ୍ଣପରି ଦାନୀ
ସତରେ ତୁମେ ତ ଧନ୍ୟ
ଧନ୍ୟ ତୁମ ଶବ୍ଦ ତଳ ଭାବର ସାଗର
ମମତାର ସଂସାରରେ ପିତାମହ ତୁମେ
ସତେ ମୋର ଗୁରୁବର
ଆହେ ଶବ୍ଦ-ସିନ୍ଧୁର ନାବିକ
ସତେକି ତୁମରି ବିନେ
ନ ବର୍ଷିବ କେ ଜୀମୂତ, ନାଶ ଯିବ
ଶବ୍ଦର ଫସଲ।
ସତେ କ'ଣ ଭାଂଗିଯିବ, ହଜିଯିବ
ଗଢ଼ିବାର-ଖୋଜିବାର ପାଇବର
ଅମୃତ ହାତରେ ?
ସତେ କିବା ଲିଭିଯିବ ଦୀପ ସବୁ ଏ ଅନ୍ଧାରେ,
ଗାଢ଼ ଅନ୍ଧକାରେ

ସତେ କିବା ଘଟିବ ଏପରି
ସତେ କି ଏପରି ହେବ, ଲିଭିଯିବ ଶିଖା ପୁଣି
ଜ୍ୟୋତିର୍ମୟ ପବିତ୍ର ହାତରେ ?
ସତେକି ଘଟିବ ମୃତ୍ୟୁ
ଶେଷହେବ ଜୀବନାଟ ଶତ ଜୀବନର
ସତେକି ଘଟିବ ମୃତ୍ୟୁ ଗୋଟିଏ ଯୁଗର
ଆସିବ ସମୂଳେ ମାଡ଼ି ସୁନାମିଟେ
ଦୁଃଖ ଆଉ ଛାତି ଯନ୍ତ୍ରଣାର ? ?

॥ ୫୮ ॥

ତୁମେ ଗୋ କ୍ଷମାର ମହା ଅବତାର
ସତେ ତୁମେ ଶ୍ରଦ୍ଧାର ଶୀତଳ ଭଣ୍ଡାର
ଏଣୁ ମୁଁ ଛୁଇଁଲେ ତୁମ ପାଦପଦ୍ମ
ଲାଗେ ମୋତେ ଶୀତଳ ଓ ଅପୂର୍ବ ଆନନ୍ଦ
ଏମିତିବି ତୁମେ ଅଛ ପଙ୍କ ମଧ୍ୟେ
କେଡ଼େଯେ ବିଚିତ୍ର ରୀତି ବିଧାତାର
ତୁମେ ସତେ କେଡ଼େ ଯେ ମହାନ !
ରାଗିନ କେଉଁଠି କେବେ, କେତେବେଳେ
କାହାରି ଉପରେ,
ଆଲୋଚନା କରିନ କେଉଁଠି କେବେ
କାହା ବିରୁଦ୍ଧରେ
ଯେଣୁ ତୁମେଥିଲ ଏକ ସନ୍ନ୍ୟାସୀ
ଶବ୍ଦ ଥିଲା ସବୁ ତୁମ ପୂରା ସମର୍ପିତ
ଶ୍ରଦ୍ଧା ଓ ଧର୍ମରେ ଭରି
ପ୍ରେମପାଇ ବଞ୍ଚୁଥିଲେ ସେମାନେ ସେଠାରେ
ତୁମଠାରେ ତୁମ ଛାତିତଳେ ॥

॥ ୫୯ ॥

ଭଲ ତ ପାଇବା କିଏ ଶିଖିବ ତୁମ ଠୁ ।
ସତରେ କେତେ ଯେ ତୁମେ ଭଲପାଅ
କେଡ଼େ ଛାତି, କେଡ଼େ ବଡ଼ ହୃଦୟ ତୁମର !
ପ୍ରଥମ ଦେଖାରେ ନିଅ ଆପଣାର କରି
ଶେଷଯାଏଁ ମନଜାଣି- ଆତ୍ମା ମୋର ଜାଣି
ଡାକିଦେଲ ଚାଲିଗଲ,
ରଖିଦେଇ ଗଲ ମୋର ସ୍ୱର
ଆଉ ତୁମରି ସ୍ୱାକ୍ଷର
ରଖିଦେଇ ଚାଲିଗଲ ସତେ ତୁମେ ସାର୍ଥକତା
ଅକ୍ରୂରର, ଉଦ୍ଧବର ଅବା କୁବୁଜାର
ବନ୍ଧୁପଣ, ଗୁରୁପଣ, ପିତାପଣ, ପିତାମହପଣ
ଚାଲିଗଲ ରଖିଦେଇ ଚିରଦିନ ସ୍ମାରକୀ ସବୁର ॥

|| ୬୦ ||

ତୁମ ଆତ୍ମା, ମୋ' ଆତ୍ମାର
ଏ ପୁରରେ ଭେଟହେଲା ପରି
ନିଶ୍ଚିତ କେଉଁଠି କେବେ ଭେଟହେବ
ହେବ ଆମ ଦେଖା
ସେପୁରେ ଯିବି ମୁଁ ଚାଲି
ଅଥବା ଆସିବ ଚାଲି ତୁମେ ଥରେ
ଭେଟହେବ ଏଇଜନ୍ମେ, ଏଇ ଧରାପୁରେ
ତୁମେ ତ ଆସିବ ଫେରି
ଏଇ ସୂର୍ଯ୍ୟୋଦୟେ
ଏଇ ସୂର୍ଯ୍ୟ-ଅସ୍ତପରେ- ଏ ଅଧ୍ୟାୟ ପରେ
କାରଣ ପ୍ରଥମେ ଥରେ ଭେଟିବାକୁ
ତମଠାକୁ ଯାଇଥିଲି ଚାଲି
ଏଥର ବନ୍ଧୁତ୍ୱ ପାଇଁ, ଛାତ୍ରତ୍ୱ ପାଇଁ
ମୋ ପିତାମହ ହେବାର କର୍ତ୍ତବ୍ୟ ପାଇଁ
ତୁମକୁ ଏଠାକୁ ହେବ ଆସିବାକୁ
ପୁଣିଥରେ ହସିହସି ଫେରି ॥

॥ ୬୧ ॥

ଏ ଆଲୋକ ଅବା ଏଇ ଲୋକ
ସତେକି ହୋଇଲା ପର, ସାତପର
ଲଭି ସେ ଆଲୋକ ଆଉ
ସେପାରିର ନନ୍ଦନ ସେପାରି ଗୋଲୋକ ?
ସତେକି ଚାଲିଲ ଦୂରେ
ଆମଠାରୁ, ଏ ପୃଥିବୀ ଠାରୁ
ବହୁଦୂରେ, ଏତେଦୂରେ ଯେଉଁଠାରେ
ଶୁଭିବନି-ଦିଶିବନି ଏଠିକାର ଶବ୍ଦ,
ଏଠିକାର ଚିତ୍ର
ଶୁଭିବନି-ଦିଶିବନି କିଛିବି ଏଠାରୁ ? ?

॥ ୬୨ ॥

ଅତୀତଟା ସତେ ବଡ଼ ନିର୍ମମ ନିଷ୍ଠୁର
ଯାହାଥିଲା ସହଯୋଗୀ
ଯାହାଥିଲା ମରୁଭୂମି ମଧ୍ୟରେ ଜଳାଶୟ ପରି
ଯେ ଅତୀତେ ଭ୍ରମୁଥିଲି ମରୁଦ୍ୟାନ ପରି
ଯେ ଅତୀତେ ଥିଲା ମୋର ଆଗ୍ରହ ଅତ୍ୟନ୍ତ
ସେ ଅତୀତ ତକ୍ଷକ ଆଜି
ସେସବୁ ସ୍ମୃତିର ଦିନ ପିଟିହୁଏ
ଭାଗିଂଦିଏ ସବୁମୋର ଦେହମନ ଆତ୍ମା
ପିଟିହୁଏ ପିଟିହୁଏ ଢେଉପରି
ସମୁଦ୍ର ଅଶାନ୍ତ ହେଲେ ଯେଉଁପରି ଢେଉଆସେ
ଠିକ୍ ସେହିପରି ॥

॥ ୬୩ ॥

ସତେବା ଡାକୁଛି କିଏ ଅତୀତରୁ
ସେ ରାସ୍ତା ପାଖରୁ
ସତେବା ଡାକୁଛି କିଏ ସେ ଦିନରୁ
ସେ ଫଟୋ ଭିତରୁ
ସତେବା ଡାକୁଛି କିଏ ହାତଠାରି
ସ୍ୱର୍ଗ ଭୁବନରୁ
ସତେବା ଡାକୁଛି କିଏ ଦୂରେଥାଇ
ମୋ ଛାତି ପାଖରୁ
ସତେବା ଡାକୁଛି କିଏ ପାଖଲୋକ
ଦୂରୁ ଆଉ ଦୂରୁ ବହୁ ଦୂରୁ ॥

॥ ୬୪ ॥

ଛାତିର ପିଞ୍ଜରା କାଠି ରସିଲାଣି ମୋର
ବରଫ ପରିକା ସବୁ ଗୋଟିଗୋଟି
ଗଲେଣି ତରଳି
ଶୁଣିଶୁଣି ସଂଗୀତ ହୃଦୟର ମୋର
ବ୍ୟାକୁଳ ସଂଗୀତ ସିଏ
ଅତିଏକ କରୁଣ ଓ ବ୍ୟାକୁଳ ସଂଗୀତ
ଦିବାନିଶି ବ୍ୟାକୁଳ ସେ ବିକଳ ଅସ୍ଥିର
ଆଶା ଓ ଆକାଂକ୍ଷା ତା'ର
ହୋଇଯାଏ ବାଷ୍ପିଭୂତ ସତେ !
ହଜିଯାଏ ସଂଜ୍ଞା ତା'ର ସ୍ପନ୍ଦନ ତା'ର
ଗାଏ ସେ ସଂଗୀତଟିଏ, ଶୋକର ଗୀତିକା
ସ୍ୱପନ ଭାଂଗିଲା ପରେ କାଚପରି
ତା'ଉପରେ ରଚିଚାଲେ ମରଣ ନାଟିକା
ହତାଶା-ନିରାଶା ଆଉ ଆଶାର କବର
ଆକାଂକ୍ଷାର ତାଳବଣ, ଦୂର ତାଳବଣ
ସବୁଦୂର, ବହୁଦୂର, ହାତୁ ବହୁଦୂର
କୁଆଡ଼େ ଗଲ ଗୋ ସଖା, ପିତାମହ ମୋର
ଆହେ ମୋର ଗୁରୁବର, ସାହିତ୍ୟ ସଂସାର
କାହିଁଗଲ କାହିଁଗଲ ହାତୁ ବହୁଦୂର
କାହିଁଗଲ କାହିଁଗଲ, କାହିଁ ଚାଲିଗଲ
କାହିଁକି ନନେଇ ଗଲ

ଏତେ ସ୍ନେହ, ଏତେ ଶ୍ରଦ୍ଧା, ଏତେ ସେଇପଣ-ଆପଣାର
କାହିଁକି ନନେଇ ଗଲ, କାହିଁକି ବା ଫେରେଇ ନନେଲ
ତୁମର ସେ ସ୍ମୃତି ସବୁ ସଂଗୀତ ସବୁ
କାହିଁକି ନନେଇ ଗଲ ମୁହୂର୍ତ୍ତ ସେସବୁ
କାହିଁକି ପାଷାଣ ହେଲ
କାହିଁକି ବା ଚାଲିଗଲ
ଏଠୁଦୂରେ, ଦୂରେ-ବହୁଦୂରେ ? ?

॥ ୬୫ ॥

ବହିଗଲା ପାଣିପରି,
ଧନୁର କୋଳରୁ ତୀର ଛୁଟିଗଲା ପରି
ତୁମେଗଲ ଭାସି ଭାସି, ତୁମେଗଲ ମିଶି
ତୁମେଗଲ ଭାସି ଭାସି, ତରଣୀରେ ତୁମ
ତରଣି ଡାକରା ପାଇ ଚାଲି ଚାଲି
ସତେ ସେ ପୁରକୁ
ତୁମେଗଲ, ଭାସିଗଲ, ଭାସି ଭାସିଗଲ
ସମୀରେ ସୌରଭ ଅବା କବିତାରେ ଶବ୍ଦ ଗୁଡ଼ା ପରି
ଗଲ ତୁମେ ପାଣିରେ ମିଳାଇ
ଗଲ ତୁମେ ଭାସି ଭାସି
ଜୀବନ ସାଇତି ଏକ ବାଦଲଟେ ପରି ॥

॥ ୬୬ ॥

ଦେଖା ଆମ ପାରିଲାନି ହୋଇ ଶେଷଥର
ଡାକିଲ ଆତ୍ମାରୁ କିନ୍ତୁ
ନପାରିଲି ଯାଇ ମୁହିଁ- ହତଭାଗ୍ୟ ମୋର।
ସତେ ତୁମେ ମୋତେ ଅବା କେତେ ଭଲପାଅ
ନିଜଠୁ ହୁଏତ ବେଶୀ- ଅନେକ ଗୁଣରେ
ନତୁବା ତୁମେ କି କେବେ
ଆସିଥା'ନ୍ତ ଦେହଛାଡ଼ି, ସେପୁରକୁ ଛାଡ଼ି,
ଛାଡ଼ିସବୁ ଘରଦ୍ୱାର ମୋ ପାଖକୁ
ମୋ ଆତ୍ମା ପାଖକୁ
ଗପିବାକୁ, ଦେବାପାଇଁ ମହାମନ୍ତ୍ର
ସ୍ୱପନେ ମୋହର ??

॥ ୬୭ ॥

ସ୍ୱପନେ ଆସିଲ, ଆସି ବସିଲ ମୋ ପାଖେ
ଆଉଁସିଲ ଶ୍ରଦ୍ଧାରେ ଚାପାକ୍ରାନ୍ତ ମଥାକୁ ମୋହର
ସାଦରେ ବୁଲାଇନେଲ ହାତ ତୁମ
କପାଳରେ ମୋର
ତୁମ ଆଖି, ତୁମ ହାତ, ତୁମର ସେ ଆତ୍ମା
ସତରେ, ନୀରବେ କିଛି କହୁଥିଲା ମୋତେ
ସେକଥା କି ଥିଲା ଆମ ଅନ୍ତିମ କଥା
ତେଣୁ କି ସ୍ୱପନେ ଆସି ଦେଲ ଦରଶନ
ପୂରିଗଲା କଳସୀ ମୋ
ଶୁଣିତୁମ ଅନ୍ତିମ ମାଂଗଳିକ ଗାନ
ପୂରିଗଲା ଆତ୍ମା ମୋର ଶୂନ୍ୟ ଆତ୍ମା ମୋର
ପୂରିଗଲା ମନମୋର ମୋର ଏ ଆତ୍ମାର
ଶୁଣି ତୁମ ସେ ଅମୃତ ଅକ୍ଷର ବଚନ ॥

|| ୬୮ ||

ତୁମେ ଗଲ ଚାଲିଗଲ
ଏଠୁ ଗଲ ବହୁଦୂରେ ସେ ଗୋଲୋକ ପୁରେ
ଆଲୋକ ଗୋଲୋକ ଛାଡ଼ି ଆସିବାକୁ ଫେରି
ତୁମେଗଲ କଥାଦେଇ
ରଚିବାକୁ ପୁଣି ଏକ ଅଧ୍ୟାୟ
ଏ ମାଟିରେ, ଏ ଧୂଳି ମାଟିରେ
ତୁମେ ଗଲ ଏଠୁ ଫେରି
ଆସିବାକୁ ପୁଣିଥରେ ଶହେଥର
ରଚିବାକୁ ଶବ୍ଦ ଘର ଥରେ ପ୍ରତିଥର
ରଚିବାକୁ ଶବ୍ଦ ସାଥେ ବିମଳ ବେଭାର
ରଚିବାକୁ ଶବ୍ଦ ଆଉ ଶବ୍ଦର ସଂସାର ||

॥ ୬୯ ॥

ତୁମେ ଯେ ମନ୍ତ୍ରଟି ଦେଲ କର୍ଣ୍ଣେ ମୋର
ବାମ କର୍ଣ୍ଣେ ମୋର
ଜପିବି ସୁଚାରୁ ରୂପେ, ନିର୍ବାହ ମୁଁ କରିବି ଜୀବନେ
ଜପିବି ସେ ମନ୍ତ୍ର ମୁହିଁ ଇଷ୍ଟମନ୍ତ୍ର ପରି
ଆଜୀବନ ଜପୁଥିବି ସେ ଶବ୍ଦ ମୁଁ
ଅନିବାର ନିରନ୍ତର-ଆଉ ବାରମ୍ବାର।
ସେ ମନ୍ତ୍ର ହେବ ମୋ'ଲାଗି
ମନ୍ଦାକିନୀ ମଣିକର୍ଣ୍ଣିକାର
ସେ ମନ୍ତ୍ର ହେବ ମୋ'ଲାଗି ମୋ ଆତ୍ମା ଓଂକାର
ଶବ୍ଦ ବି ଲାଗିଲେ ମୋତେ
ଥିବେ ଚିର ମର୍ମେ ମୋର, ନିଳୟରେ ମୋର।
କାହୁଁବା ପାଇବି ସେଇ ଶବ୍ଦ ସବୁ
କାହିଁ ସେ ଶବ୍ଦ ସବୁର
କେଉଁ ପଟାନ୍ତର ?
ଏଣୁ ମୁଁ ଜପିବି ତାକୁ ସମଗ୍ର ଜୀବନ
ରଖିବି ସାଇତି ତାକୁ ପୂରାଇ ଯତନ
ରଖିବି ତାକୁ ମୁଁ ତୁମେ ଆସିଗଲା ଯାଏଁ
ରଖିବି ସେ ଯାଏଁ ତାକୁ
ତୁମେ ଫେରି ନଆସିବା ଯାଏଁ ॥

॥ ୭୦ ॥

ଆହେ ସଖା, ବଡ଼ ସଖା ମୋର
ହେ ଦୋସର- ମୋ ଆତ୍ମାର ବଡ଼ ସହୋଦର
ତଥାପି ଲାଗୁଛି ଡର ତମଲାଗି ସତେ
କାଳେ ନଆସିବ ଫେରି
ଶୁଦ୍ଧ-ସତ୍ତ୍ୱ-ସୁନ୍ଦର ପ୍ରେମୋତ୍ସବୁଁ
ପଡ଼ି ସେଇ ଦେବଲୋକେ ଦେବତା ସଂଗତେ
ଲାଗୁଛି ଗୋ ସଖା ଡର
କାଳେତୁମେ ସ୍ୱର୍ଗରୁ ଆସିବକି ନାହିଁ,
ଆସିବକି ନାହିଁ ଅବତରି !
କାଳେ ମୋତେ ସେଠି ଯାଇ
ଯିବକି ବିସ୍ମରି
ତଥାପି ଆଶାଟେ ଅଛି, ପ୍ରଦୀପଟେ ଅଛି
ଅଛି ତୁମ ଶବ୍ଦ ସବୁ ତୁମରି ସନ୍ତକ
ତୁମେ ସେ ସୁଧାରବିନ୍ଦୁ
ପ୍ରତୀକ୍ଷାର ଦିବ୍ୟ ମୂଳାଧାର ॥

॥ ୭୧ ॥

ବହୁନି ଆଜିବି ତିଳେ କାନ୍ତ ସମୀରଣ
ବାହୁନି ବାହୁନି ମରେ ବାଇ ଚଢ଼େଇଟା
ଡାକମାରି ତଣ୍ଟିଶୁଖେ କଅଁଳିଆ କୁନି ବାଛୁରୀର
ବହୁନି ପବନ ଏବି-ନିସ୍ତବ୍ଧ ସାରା ବାଲେଶ୍ୱର ।
ଭାଂଗିଯାଉ କଣ୍ଠା ସବୁ କାନ୍ଥ ଘଣ୍ଟାଙ୍କର
ଥମିଯାଉ ଚାନ୍ଦିପୁର ସମୁଦ୍ର ବେଳାର
ଶୁଖିଯାଉ ପାଣିସବୁ ତତଲା ବାଲିରେ
ହଜିଯାଉ ମରିଯାଉ ଶୀତଳ ହାତଟା
ବରଫ ପରିକା ଯାଉ ତରଳି ସେ ତତଲା ବାଲିରେ
ମଣିଷର ସଜ ରକ୍ତ ଉତ୍ତାପରେ
ହଜିଯାଉ ସମୁଦ୍ରର ସମସ୍ତ ତରଂଗ ।
ପୁଣି ସେ ଆସିବେ ଘେନି ପୁଳାଏ ମୁହୂର୍ତ୍ତ
ମୁଠାଏ ଆହ୍ଲାଦ କେଉଁ ଖଦ୍ୟୋତର
ଗଦଗଦା ଶିପ ଓ ଶାମୁକା
ଚେନାଏ ଆନନ୍ଦ ଆଉ
ଶୋକବୋଲା ଶବ୍ଦ ବୋଝ ବୋଝ
ଆଣିବେ ସାଥିରେ ଘେନି
ଅସରନ୍ତି ଦୁଃଖ ଆଉ ବାଟର ନିରାଶା
ଆଣିବେ ଆଂଜୁଳା ଭରି ଯନ୍ତ୍ରଣା ଆକାଶ ଆକାଶ
ଏଣୁ ଯାଉ ହଜିଯାଉ, ଶୁଖିଯାଉ, ଭାଂଗିଯାଉ
ସମୁଦ୍ରର ଢେଉ ସବୁ,

ଢେଉ ସବୁ, କଣ୍ଟା ସବୁ, ବିଷମ ମୁହୂର୍ତ୍ତ ସବୁ
ତୁମରି ଗର୍ଭର !
ତୁମେ ଜାଣ କେଡ଼େ କଷ୍ଟ, କେଡ଼େ ଯେ ଯନ୍ତ୍ରଣା
ଦେଇଛି- ଛାତିରେ ମୋର, ପଞ୍ଜରାରେ ମୋର
ସେ ସବୁର ଆକଳନ ନିଜେକର
ତୁମର ସେ ଢେଉ ଆଉ ତୁମ ଘଣ୍ଟାକଣ୍ଟା ଆଉ
ତୁମରି ହାତରେ
ଯେଣୁ ସେ ମୁହୂର୍ତ୍ତ ଆଉ ଘଣ୍ଟାକଣ୍ଟା
ଯେଣୁ ସେ ତରଂଗ ଆଉ ଅସୀମ ଆର୍ଦ୍ରତା
ସବୁ ତୁମ ହାତ ଆଉ ତୁମ ଦୂତ ହାତ ॥

‖ ୭୨ ‖

ଆସୁଥିବେ ଯାଉଥିବେ ଶତ ପାଦ ସେଠି
ସବୁ କୋଳାହଳ ସେଠି ଉଠୁଥିବ ଲିଭୁଥିବ
ପୁଣି ମିଶିଯାଉଥିବ ମହା ଶୂନ୍ୟତାରେ
କିନ୍ତୁ ଖାଲିପଡ଼ିଥିବ ସେହି ସ୍ଥାନ ତୁମ
ଆସନ ତୁମର
ଯାହାକୁ ଝୁରିବ କାଳ, ଏ ସଂସାର
ଝୁରୁଥିବା ଆମେ ଚିରକାଳ ‖

॥ ୭୩ ॥

ମୁଁ ପୁଣି ଯାଉଥିବି ଓଟାରି ମୋ ଦୁର୍ବହ ପାଦକୁ
ମୁଁ ପୁଣି ବିସ୍ମରି ସବୁ କାଲିପରି, ଗଲା କାଲିପରି
ସେଦିନ-ସମସ୍ତ ପରି ଚିରଦିନ ପରି
ଯାଉଥିବି ଭେଟିବାକୁ, ଦେଖିବାକୁ ତୁମ ସ୍ମିତ ହସ
ଶୁଣିବାକୁ କଥା ତୁମ ଗୋଟେ ଗୋଟେ
ଦେଖିବାକୁ ତୁମ ମୁହଁ
ଛୁଇଁବାକୁ ପାଦପଦ୍ମ ପ୍ରଥମେ ତୁମର
କିନ୍ତୁ ସବୁ ଥାଇବି ନଥିବ
ହଠାତ୍ ପଶିବ ମୋର ଚେତନା ସେଠାରେ
ହଠାତ୍ ଜାଗିବ ମୋର ସେଠାରେ ଚୈତନ୍ୟ
କେହିବି ନଥିବେ ସେଠି ଜଣେବୋଲି
କୁର୍ସି ତୁମ ପୂରା ଖାଲିଥିବ
ନୀରବେ ନିଖୋଜ ଥିବ ତୁମ କଣ୍ଠସ୍ୱର
ମୋ ମଥା ଉପରେ ଆଉ ନଥିବ ସେ ହାତ
ନଥିବ ପରଶ ତୁମ କୋମଳ ଆତ୍ମାର ॥

॥ ୭୪ ॥

ଏଣୁ ଯାଉ ଭାଂଗିଯାଉ
ସମସ୍ତ ସେ କରାଳ କାରକ
ଆସୁଫେରି ମହାନନ୍ଦ ପୁରୁଣା ଦିନର
ଲିଭିଯାଉ ପଦଚିହ୍ନ, ସମୟର ସେ ସ୍ରୋତର
ଫେରିଆସୁ ଆନନ୍ଦ ଏ କୋଟିଏ ଆତ୍ମାର
ଫେରିଆସୁ ଚେତାପୁଣି ଚେତାହୀନ ଏ ବାଲେଶ୍ୱରର ।
ଏଣୁ ବାବୁ ଚାନ୍ଦିପୁର, ବଂଗୋପସାଗର
ଦିଅ ହେ ଫେରାଇ ଆମ ରତ୍ନମଣି
ଯେଣୁ ତୁମେ ନିଅ ନାହିଁ କିଛି
ଆହେ ପ୍ରଭୁ ନୀଳାଚଳ ବଳିଆର ଭୁଜ
ଦିଅ ଗୋ ଫେରାଇ ସବୁ
ଯେଣୁ ତୁମେ ଅଟ ଏଇ
ନୀଳସିନ୍ଧୁ, ନୀଳବିନ୍ଦୁ- ନୀଳ ରତ୍ନାକର ॥

॥ ୭୫ ॥

ଭାସୁଛେ ସତେ କି ଆମେ ଶୋକଜଳେ
ଦୁଃଖ-କଷ୍ଟ-ଯନ୍ତ୍ରଣା ସାଗରେ !
କେମିତି କହିବି ଆସ ତୁମେ ଫେରି
ଯଦି ଏହା ସତ,
ଏକଥାର ପକ୍ଷହୀନ ବିଚାରଟା ତୁମେ ନିଜେ କର
ପରଲୋକେ, ଦେବଲୋକେ- ଆଲୋକର ଲୋକେ
ସତରେ ଭଲରେ ଥାଅ, ଆନନ୍ଦରେ ଥାଅ
ଅନ୍ଧାରେ ସଢ଼ିବା ଆମ ଭାଗ୍ୟରେ ଅଛି ଯେତେଦିନ
ସାରି ତାକୁ ହେବାଭେଟ
ଯଦିଓ ଭେଟିବା ଲାଗି ତୁମକୁ ମୁଁ
ଏବେଠାରୁ ହେଲିଣି ଅଥୟ ॥

॥ ୭୬ ॥

ଅଛନ୍ତି ସେଠାରେ ପୂଣ୍ୟମୟ ପୂଣ୍ୟାକାର
ସେଠାରେ ଆନନ୍ଦେ ଭ୍ରମ,
ଲଭି ତାଙ୍କ ଅଭୟ-ଆଦର
ଦୟା-ସ୍ନେହ-ମମତାର ଛାଉଣୀରେ ତୁମେ
ଅମରାବତୀରେ ସତେ ରହିଯିବ
ମହାପଦେ ମହାଜନପଦେ
ଶାନ୍ତିରେ ସୁଖରେ ଥାଅ ବିଭୁଧାମେ,
ମୃତ୍ୟୁହୀନ, ଶୋକହୀନ, ଜରାହୀନ, ଧାରାହୀନ ଧାମେ
ତୁମରି କରୁଣା ଦୟା ଶ୍ରଦ୍ଧା ପ୍ରେମ ବଦଳରେ
ଆଜିଲଭ ପ୍ରେମର ନିର୍ଝର ॥

॥ ୭୭ ॥

ସୁବର୍ଣ୍ଣରେଖାର ନଦୀ ଅବା ବୁଢ଼ାବଲଙ୍ଗର ଜଳ
ସ୍ତବ୍ଧ ଥିଲା କିଛିକାଳ ଏବେ କିନ୍ତୁ ବହୁଛି ପ୍ରବଳ
ବହିଚାଲେ ଜଳଧାର କରିବାକୁ ପରିଚ୍ଛେଦ ଲଘୁ ତୁମ
ଫେରିବାର ପ୍ରତୀକ୍ଷାକୁ ତୁମ
ଧନ୍ୟ ଗୋ ଭାରତୀ ପୁତ୍ର, ଧନ୍ୟ ବ୍ରଜନାଥ
ଧନ୍ୟ ହେଉ ଦାନ ତୁମ୍ଭ ଗାନ ତୁମ୍ଭ
ପୂରିଉଠି ଏଠି ପରି ସେପାରି ଜଗତ।
ପୂରିଉଠି, ଭରିଉଠୁ ବକ୍ଷ ସର୍ଭିଙ୍କର
ପୂରିଉଠୁ ସ୍ୱର୍ଗପୁର, ସାରା ସ୍ୱର୍ଗପୁର
ହସିଉଠୁ ସାରା ଧରା
ଜୟହେଉ ଏଇ ପୃଥିବୀର
ଆହେ କବି- ବରକବି- ଭାରତୀ ସେବକ
ଜୟହେଉ ସବୁଠାରେ ଶବ୍‌ଦର ତୁମର
ଲଭି ମହା ଆଶୀର୍ବାଦ
ରମାପତି ଆଉ ରମାଙ୍କର
ଲଭି ସେ ଆଶିଷ ପୁଣି ସରସ୍ୱତୀଙ୍କର
ଜୟହେଉ ତୁମ ନାମ
ଜୟହେଉ ତୁମ ଏ ଧାମର
ଜୟ ଜୟକାର ଶୁଭୁ, କଂପିଯାଉ
ପ୍ରତିଟି ଛାତିଏ ଏଠି ସାରା ଧରଣୀରେ
ଶୁଭୁ ଶୁଭଧ୍ୱନି ତୁମ ଲେଖନୀର
ତୁମ ଛାତି ଗର୍ଭରୁ ପ୍ରସବିଥିବା ସମସ୍ତ ଶବ୍‌ଦର ॥

॥ ୭୮ ॥

ଶିଶୁର ସେ ଶୁଭ୍ରତନୁ, କୋମଳ ପାଦରେ
ଆସ ଗୋ ହେ ମହାରଥୀ
ଦେବଶିଶୁ ଗୋଲୋକ ପୁରର
ଆସ ଗୋ ହେ ମହାରଥୀ, ଶବ୍ଦର ବିନ୍ଧାଣି
ଆସ ଗୋ ଏଠାକୁ ଥରେ ଅବତରି
ଧରାବୁକେ ଦେହଧରି
କହିବାକୁ ଏ ଧରାକୁ ଦିବ୍ୟସ୍ୱର୍ଗପୁର
ଆସ ଗୋ ଧରାକୁ ଫେରି
ଧରି ତୁମ ଶବ୍ଦ ଆଉ ଲେଖନୀକୁ ଧରି
ଧରି ସେ ହୃଦୟ ତୁମ
ଆସଫେରି ଆସ ଗୋ ଲେଉଟି
ଆସ ଆଶୀର୍ବାଦ ହୋଇ
ଢାଳିଦିଅ ଆଲୋକ ସବୁଠି ॥

॥ ୭୯ ॥

ଆହେ ମାନନୀୟ, ଆହେ ମହା ମହାଭାଗ
ଆହେ ଆର୍ଯ୍ୟ ପଡୁଛି କି କିଛି ତୁମ ମନେ
ଉପହାର ଦେଇଥିଲ ଖଣ୍ଡେ ବହି ମୋତେ
ପଡୁଛି କି ମନେ ତୁମ୍ଭ
ଯାଇଥିଲି ଯେବେ ମୁଁ ପ୍ରଥମେ ?
ନେଇଥିଲେ ଗୁରୁ ମୋର ତୁମ ସମକ୍ଷକୁ
ପଡୁଛିକି ମନେ ଆର୍ଯ୍ୟ
ସେଇ ତୁମ ଶବ୍ଦ ଗୋଟିକେତେ
ପଡୁଛି କି ମନେ ଆର୍ଯ୍ୟ
ପ୍ରଥମେ ଛୁଇଁଲି ଯେବେ ତୁମରି ଚରଣ
ଯାଇଥିଲା ଖେଳି ଏକ ଅପୂର୍ବ ଆନନ୍ଦ
ବିଦ୍ୟୁତ୍ ଲତାର ଏକ ଯାଇଥିଲା ହୋଇ ବିସରଣ
ପଡୁଛି କି ମନେ ଗୁରୁ
ଦେଇଥିଲ ମାଥେ ମୋର ହାତ
ଅବା କି ପଡୁଛି ମନେ
ଦେଇଥିଲ ଯେଉଁ ମୋତେ ବର ଆଶୀର୍ବାଦ ?
ସେହି ତବ ପୁଣ୍ୟ ସ୍ନେହେ, ପୁଣ୍ୟ ଉପାୟନେ
ତୁମର ସେ ସ୍ୱାର୍ଥହୀନ ଗଭୀର ଆସକ୍ତି
ସାଦରେ ଓଟାରି ନେଲା ଆତ୍ମା ମୋର ପୃଥିବୀକୁ ମୋର
ନୀରବରେ ନରମିଗଲା ଦୁଃଖମୋର ଅବଶୋଷ ମୋର
ବିଚ୍ଛେଦ ଜର୍ଜର ତପ୍ତ ଦୃପ୍ତ ହୁତାଶନେ ।

॥ ୮୦ ॥

ଆଜି ତୁମ ବିଚ୍ଛେଦେ ତୁମରି ବିହୁନେ
କିପରି ରହିବି ସତେ ଏଇ ପୃଥିବୀରେ ?
ସଞ୍ଜରେ ବସିବା ସାଥେ ଅବା ଗୋଧୂଳିରେ
ଏକାନ୍ତେ ଚରଣ ତଳେ, ବିଶ୍ୱ ଶିରୀଠାରେ
ସେଇ ସୁଖ ଆସିବକି ଆଉ ଦିନେ ଫେରି
କାହିଁଗଲା ସେହିଦିନ, ସେହି ପୂର୍ଣ୍ୟଦିନ
କାହିଁଗଲା ସେ ମୁହୂର୍ତ୍ତ, ବିରଳ ମୁହୂର୍ତ୍ତ
ଏ ମୁହୂର୍ତ୍ତ କାଳହେଲା,
ଅରାତି ସାଜିଲା ସେଇ ପୂର୍ବ ମୁହୂର୍ତ୍ତର
ମୁହୂର୍ତ୍ତ-ମୁହୂର୍ତ୍ତ ଯୁଦ୍ଧ ମଧ୍ୟେ ଆଜି
ଭାଂଗିଗଲା ହାଡ଼ ମୋର
ଛିଣ୍ଡିଗଲା ତନ୍ତ୍ରିକା ମୋର ଏ ବୀଣାର ।
ସେ ସୁଖ ନୁହେଁ ତ କେବେ ଭୁଲିବାର
ନୁହେଁ ସେ ତ ପାଶୋରି ଯିବାର
ସେ ସ୍ମୃତି ସାଇତି ରଖି ଛାତିତଳେ
ବସିଛି ମୁଁ ତୁମର ଆଗମ ଆଉ ତୁମ ପ୍ରତୀକ୍ଷାରେ ॥

॥ ୮୧ ॥

ମୋ ଇଚ୍ଛାର ଆକାଂକ୍ଷାର ତାଳପତ୍ର
ଯାଇଛି ମଉଳି ମରି ଶୁଣି ସେ ଖବର
ରୂପା ଜହ୍ନ ହୀରାର କଂକଣ
ସତେକି ବିଧବା ଜହ୍ନ ବିଧବା ଆକାଶ।
କବାଟ ଯାଇଛି ପଡ଼ି ଏପାରିରୁ
ଖୋଲୁନାହିଁ ଚେଷ୍ଟା ଯେତେ କଲେ
ଛାତ ବି ଅନ୍ଧାର ସେଠି, ଅନ୍ଧକାରମୟ ଘରସାରା
ଛାତିଟା ଅନ୍ଧାରମୟ- ନିରାଶାରେ ଭର୍ତ୍ତି
ଆଉକି ଆସିବ ଫୁଟି ଫୁଲଟିଏ
ଆସିବକି ଗଲାଢେଉ ଫେରି ?
ଏସବୁ ସନ୍ତୋଷ ଆଉ ଏସବୁ ମୁହୂର୍ତ୍ତ
ଯାଇଛନ୍ତି ଉଡ଼ି ବହୁଦୂରେ
ଯାଇଛନ୍ତି ତୁମସାଥେ ବସିବାକୁ ପାରିଜାତେ
ନନ୍ଦନକାନନେ ଏକ ବୃକ୍ଷର ଡାଳରେ।
ସେଠିକି ପହଞ୍ଚିବନି ଶବ୍ଦ ମୋର
ଡାକରା ଓ ଇସାରା ମୋହର।
ସେଠି ତାରା ଜଳୁଥିବେ, ସବୁ ଗ୍ରହତାରା
କରୁଥିବେ ମିଟିମିଟି ଆଖି ତାଙ୍କ
ତୁମେ କବି ବୁଝୁଥିବ
ସେଠିଥାଇ ତାଙ୍କରି ଇସାରା ॥

॥ ୮୨ ॥

ପୃଥିବୀ କାହିଁକି ଘୂରେ ନିଜ ଚାରିପାଖେ
କେଉଁ ଆଡୁ କେଉଁଠାକୁ ଧାଏଁ ସେ ସତରେ
କାହିଁକି ଧାଏଁ ସେ ସତେ
କାହିଁବା ସକାଳ, ସଂନ୍ଧ୍ୟା, ଗୋଧୂଳି ଓ ଦ୍ୱିପହର ହୁଏ
କାହିଁକିବା ହୁଏ ସଂଧ୍ୟା
କାହିଁକିବା ହୁଏ ଦିନ ରାତି
ଆଜି ମୁଁ ଜାଣିଛି ପାରି
ତୁମ ଗତି ପଥେ
ତୁମ ସେଇ ଗତି ଥାଇ ତୁମ ସେଇ ପଥେ
ଗୋଟିଏ ଈଶ୍ୱର ଆଉ ଗୋଟିଏ ନିୟମ
ଗୋଟିଏ ଠିକଣା ଆଉ ଗୋଟିଏ ଘଟଣା
ସେ ନିୟମେ, ସେଇ ଠିକଣାରେ
ସମସ୍ତେ ଧାଆଁନ୍ତି ଏଠି ଯଥାକାଳେ
ପାଇବାକୁ ସେଇ ଏକ ସ୍ୱର୍ଗୀୟ ସନ୍ତୋଷ ॥

॥ ୮୩ ॥

ମରୁର ଗୋଲାପ ତୁମେ
ଶତଶତ ଲଘୁକଥା ଜାଣିଥିବା ଲୋକ
ତୁମେ ସତେ କେତେ ଆମ ଆପଣାର
କେତେ ଯେ ନିଜର
ତୁମେ ସତେ ଜାଣ ଆମ ମନକଥା, ଆତ୍ମାକଥା
ତୁମେ ଆମ ଏ ମନର ମାନ-ମାନଚିତ୍ର
ଆହେ କବି, ଧରଣୀର କବି
କୁରଣାବରଣ ତୁମ ଆହେ କବି
ଏଇ ଧରା, ଏଇ ମହାଜୀବନର କବି
ତୁମେ ସତେ ଅଟ ଆମ ଏ ମନର
ଏ ଆତ୍ମାର, ଏଇ ସାରା ଓଡ଼ିଶାର ଛବି ॥

॥ ୮୪ ॥

ଧନ୍ୟ କବି, ଧନ୍ୟ ତୁମେ, ଆହେ ମହାଭାଗ
ଧନ୍ୟ ତୁମେ ଧନ୍ୟ ସତେ ଆହେ ଚିତ୍ରକର
ଧନ୍ୟ ତୁମ ଶବ୍ଦ ସବୁ ଧନ୍ୟ ତୁମ ବାଣୀ
ଧନ୍ୟ ସେ କୀରତି ଯାହା ପଥ ଦିଏ କହି
ଆଲୋକର ଉତ୍ସ ତୁମେ ଆଲୋକର ଯାତ୍ରୀ
କିପରି ଦଇବ ହେଲା ନିଷ୍ଠୁର ଏତେ
ଦେହେ ତୁମ ଭରିଦେଲା ଏତେ ବିଷ ସତେ !
ତଥାପି ତୁମେତ କେବେ ଥମିଯାଇ ନାହଁ
ବାଣ୍ଟିବାକୁ ପୀୟୁଷର ଅମୋଘ ଆଶିଷ !
ସତେ ଶୁଭକ୍ଷଣ ସେହି ତୁମ ଜନ୍ମକ୍ଷଣ
ଲଭିଛି ସଂଗ୍ରାମ କରି ପରିଶ୍ରମ କରି
କେତେ ଯଶ କେତେ ମାନ କେତେ ଯେ ସମ୍ମାନ
ପ୍ରମାଣ ଦେଇଛ କରି ଉଦ୍ୟମର ମହାସିଦ୍ଧି ସାଥେ
ଧନ୍ୟ କବି, ବ୍ରଜନାଥ,ବାଲେଶ୍ୱର-ମଣି
ସତ୍ୟର ଶାସନ ଏଠି ଥିବାଯାଏଁ
ଥିବ ତୁମେ ଅଜର, ଅମର ଆଉ ଚିର ଅଜମ୍ବର ॥

॥ ୮୫ ॥

ତୁମେ ସତେ ଏ ଜଗତେ ମହାଧନେ ଧନୀ
ତୁମ ପାଦ ଶବ୍ଦେ ବାଜେ ପୂତ ଶଙ୍ଖଧ୍ୱନି
ଅକ୍ଷୟ-ଅମର ତୁମ ଶାଶ୍ୱତ କୀରତି
ଜୟ ଜୟକାରେ ତା'ର ନାହିଁତ ବିରତି,
ଦରିଦ୍ର ତ ଆମେ ସବୁ ଦୀନ ଅକିଞ୍ଚନ
ଶୋକର ଅସୀମ ମସୀମୟ ଅନ୍ଧକାରେ
ଆମେସବୁ ଜଳିମରୁ, ବୁଡ଼ିମରୁ ଏ ସଂସାର ତଳେ
ତୁମରି ସ୍ୱାଗତେ ବାଜେ ସେପୁରରେ ଶୁଭ ଶଙ୍ଖଧ୍ୱନି
ତୁମରି ବିହୁନେ ଆଜି ପ୍ରାଣହୀନ ହସହୀନ ଏ ସାରା ଅବନୀ।
ପଶ୍ଚିମ ପଥିକ ସୂର୍ଯ୍ୟ ଗଲେ ଚାଲି ମହା ଅନ୍ଧକାରେ
ଆସିଲା ରମଣୀ ସଂଧ୍ୟା ଚାଲି ଧୀରେ ଧୀରେ
ପାଦରେ ପାଉଁଜି ନାହିଁ ତା'ର କିନ୍ତୁ
ପୂର୍ବପରି, କାଲିପରି, ସବୁଦିନ ପରି
ଅନ୍ଧାର ମେଘରୁ ଖସେ, କଳାମେଘୁ ଖସେ
ଧୀରେ ଧୀରେ ବର୍ଷାପରି ଅନ୍ଧାର ବାରି।
ଦିବସ ଯାଇଛି ଚାଲି ଆପଣାର ନାହିଁ ସେଇ ଦୃଶ୍ୟ
ହୋଇଅଛି ଅନ୍ତର୍ଦ୍ଧାନ, ସବୁକିଛି
ସବୁ ଦୃଶ୍ୟ ଆଜି ତ ଅଦୃଶ୍ୟ
କର୍ଣ୍ଣ ଅଛି ଧ୍ୱନି ନାହିଁ ଆଜି
ଧ୍ୱନି ଯେତେବେଳେ ଥିଲା
କର୍ଣ୍ଣ ଅବା ଥିଲା କି କେଉଁଠି ?
ଏହି ଦୁଃଖ ସନ୍ତୁଳିବ ସମଗ୍ର ଜୀବନ
ଏ ଦୁଃଖରେ, ଶୋଚନାରେ ଆଜୀବନ ଘାଣ୍ଟିହେବ ମନ ॥

॥ ୮୬ ॥

ସତେକି ମୁଁ ଶୋଇଥିଲି, ନିଦ୍ରାରେ ଥିଲି
ସତେକି ମୁଁ ଦେଖିଥିଲି, ସୁନ୍ଦର ସ୍ୱପନ
ହାତ ଥିଲା ମଥାପରେ
କଥା ଥିଲା ଚାତକର ଶୋଷ
ସତେ କବି ତୁମେ କେତେ ମହାମହୋଦର
ତୁମରି ଶବ୍ଦର ଦେଶେ
କରୁଛି ମୁଁ ତୁମସାଥେ ସର୍ବତ୍ର ବିହାର
ତୁମର ସେ ଶବ୍ଦ ଘରୁ
ତୁମର ସେ କବିତାର ଘରୁ
କେମିତି ପାରିବି ଯାଇ ବହୁଦୂର
ଛାଡ଼ି ମୋ ଆତ୍ମାକୁ,
ଆଉ ତୁମ ସେଇ ଉଦାର ସଂଗୀତ ?
ତୁମରି ମନ୍ତ୍ରରେ ଅଛି ମାଟିସାଥେ ଜୀବନର ସାଥେ
ସତ୍ୟ ସାଥେ, ଧର୍ମ ସାଥେ, ତୁମ ହାତ ସାଥେ-
ପାଇ ତୁମ ଆଶିଷ ଅଭୟ
ନହୋଇ ବିସ୍ମିତ ଆଜି ଗାଉଛି ମୁଁ
ଗାଉଥିବି ନିରନ୍ତର ହେବାଯାଏଁ
ଅମୃତର ଜୟ ॥

॥ ୮୭ ॥

ତୁଳସୀ ଚଉରାମୂଳେ ଜଳିବନି ସଂଜବତୀ
ପୂର୍ବପରି ମହାଆନନ୍ଦରେ
ବେଦନାରେ ପୃଥିବୀଟା ଯାଇଛି ଯେହେତୁ ଭରି
ତୁମବିନେ, ତୁମେ ଏଠୁ ଚାଲିଯିବା ପରେ।
ଆହେ କବି ଆୟୁଷ୍ମାନ, ଆହେ ମନ୍ୟୁମାନ
ଏଠାରୁ ମୁଁ ଦୂରେ ରହି କରୁଛି ବଂଦନ
ଘେନ ମୋର ଅଂଜଳି, ଆହେ ପ୍ରିୟତମ
ତୁମ ସେ ଲେଖନୀ ସତେ କେତେ ଯେ ମହାନ
କହିକି ପାରିବ କେହି, ଆକଳକି ପାରିବ କେ ତା'କୁ ?
ଏ ଲେଖନୀ ମସୀ-ଧାର
ଯାଇଅଛି ବହି ମୁକ୍ତିପଥେ
ସେପଥେ ସମସ୍ତେ ଯିବେ
ତୁମପରି ସମସ୍ତ ଏ ଜଗତ ଭକତେ।
ଶୀତଳ ଧମନୀ ତଳେ ଆସିଅଛି
ଶତାବ୍ଦୀର ଅପୂର୍ବ ଆହ୍ୱାନୀ
ସେ ମସୀ ଧାରାରୁ ଧାରେ
ଆଣିଅଛି ସଂଦେଶ
ସେଇ ମସୀ ମହା ସଂଜୀବନୀ ॥

॥ ୮୮ ॥

ଆଜି ମୋର ଚାରିପାଖେ
ସମସ୍ତଙ୍କ ଆଖିଆଗେ, ଆତ୍ମା ଚାରିପାଖେ
ବସନ୍ତ ହଜିଛି ଆଉ ହଜିଛି ଆରାମ
ସବୁକିଛି ଯାଇଅଛି ନଷ୍ଟହୋଇ
ସବୁକିଛି ଯାଇଛି ଦୂରେଇ
ଯେଣୁ ତୁମେ ନାହଁ ଆଜି ଆମ ଆଖିଆଗେ
ଯଦିଓ ରହିଛି ପ୍ରତି ହୃଦୟ କୋଣରେ
ଏଣୁ ଆଜି ଇଚ୍ଛାଭାରି
ମୋ ଇଚ୍ଛାର, ଏକାକୀ ପଣର ଇଚ୍ଛା ମୋର ଏ ଆତ୍ମାର
ହଜିବାର ତୁମପରି, ତୁମ ସ୍ୱର ପରି ॥

॥ ୮୯ ॥

ସେଇସବୁ ବ୍ୟସ୍ତଦିନ, ସେଇସବୁ ଶାନ୍ତିର ଦିନ
ସେଇସବୁ ବ୍ୟସ୍ତାକାଶ, ଶବ୍ଦର ଆକାଶ
କେତେକେତେ ପାଦ ସେଠି ଆସିବା ଓ ଯିବା
କେତେ ମଥା ନଇଁଯିବା ଆଶୀର୍ବାଦ ପାଇଁ
ସବୁଦିନ, ସବୁରାତି ଗଲାକି ମଉଳି !
ଚାଲିଗଲା ଚାଲିଗଲା ସବୁ ଗଲା ହଜି
ତଥାପି ସେ ଶବ୍ଦ ସବୁ- ଅକ୍ଷର ସବୁ
ଯିବକି ମଉଳି କେବେ, ପାରିବ କି ହଜି ? ?

|| ୯୦ ||

ବରଫ ପାରନି କେବେ ଶିହରାଇ, ନିସ୍ତେଜ କରାଇ
ନୀଳ ତା'ର ଆଖିଠାରୁ, ତମ ଆଖି ତମ ଶବ୍ଦ
ଆହୁରି ଯେ ନୀଳ
ସେ ନୀଳ ସମୁଦ୍ରେ ଅବା ନୀଳାଭ ଆକାଶେ
ହଜିଗଲା ସିନା ତମ ଯନ୍ତ୍ରଣା, ତମରି ଶୋଚନା
ଦୁଃଖସବୁ, କଷ୍ଟସବୁ ଗୋଟିଗୋଟି ବିସ୍ମୃତି ପରି
ହଜିବାର ନାହିଁ କିଛି, ପଚିବାର, ଭାଂଗିବାର ନାହିଁ
ମରଣ ଭାଂଗିଛି ଯେଣୁ, ସବୁକିଛି, ସବୁ ଶିକୁଳିକୁ
ତଥାପି ପାରିନି ଭାଂଗି ଆମ ଆତ୍ମୀୟତା
ତମର ସେ ଶବ୍ଦରୂପୀ ବ୍ରହ୍ମ ଦେବତାଙ୍କୁ
ପାରିନି ଅଲଗାକରି ଆମର ଏ ଯୁଗଳ ଆତ୍ମାକୁ
ବରଞ୍ଚ ଯାଇଛି ଭାଂଗି ନିଜେ ସିଏ
ଯାଇଅଛି ଲଜ୍ଜ୍ୟାପାଇ, ଅପମାନ ପାଇ
କାରଣ ଆମଠି ଏଠି କିଛିବୋଲି କିଛି ସ୍ୱାର୍ଥ
ପାଇବାର ନାହିଁ।

|| ୯୧ ||

ଏ ଡଙ୍ଗା ଚାଲିବ ଆଉ କେତେଦୂର
କହିବ ବା କିଏ ?
ଏ ଡଙ୍ଗାର ନାଉରୀଟା ଗଲା ହଜି
କାତ କିଏ ମାରିବ ଏଥିରେ
ଆମ ଡେଣା ଶକ୍ତିହୀନ, ତେଜହୀନ, ନିର୍ବଳ ନିସ୍ତେଜ
ଆମ ଡେଣା ପାରୁନାହିଁ ଆହୁଲା ଚଳାଇ
ଏ ନୀଳ ସମୁଦ୍ର ଭାରି ଲୁଣି ଲାଗେ
ଲୁହ ଲୁଣି- ସ୍ୱପ୍ନ ଲୁଣି- ସମୁଦ୍ର ବି ଲୁଣି
ଲୁଣର ସାଗର ସତେ
ଲୁଣ ଆଉ ତେଲର ସଂସାର
ଲୁଣଖାଲି ଥିଲେ କ'ଣ ଚଳିଯିବ ସବୁ ?
'ତେଲ' ତ ଗଲାଣି ଭାସି ଭାସି ଆରପୁର
ସେ କୂଳ- ଏ କୂଳ 'ଦୂର' କଥାକହେ
ମଝିରେ ଏ ଡଙ୍ଗାର ସିଆର ॥

॥ ୯୨ ॥

କାଲିର ସକାଳ ଆଉ କାଲିର ଘଟଣା
ସତରେ ଲାଗିବ ଖାଲି, ଶୂନଶାନ ଅତି
ଜାହାଜ ଯାଇଛି ଚାଲି ବହୁଦୂରେ ଚାଲି
ଯାଇବୋଧେ ଲାଗିବଣି ସେ ପୋତାଶ୍ରୟରେ
ତୁମେ ତାକୁ କହୁଥିଲ,
କହୁଥିଲ ନାମଟା ତାହାର
କେ କହେ ଅମରାବତୀ ଅବା କିଏ କିହେ ସ୍ୱର୍ଗପୁର
ଜାହଜ ଯାଇଛି ଚାଲି ପବନ ବି ଯାଇଅଛି ଶୁଖି
ପବନର ଚମ ଧୁଡୁଧୁଡୁ- ନଖଦନ୍ତ ସମୁଦ୍ର ଢେଉର
ଯାଇଛି ନିଖୋଜ ହୋଇ- ତୁମସାଥେ
ତୁମ ସେଇ ଜାହାଜର ସାଥେ
କେହି କାହିଁ ହସୁବି ନାହାଁନ୍ତି
ଚାନ୍ଦିପୁର ପକ୍‌କା ବେଞ୍ଚ, ସିନେମା ଛକରେ
ଗୋପବନ୍ଧୁ ପାର୍କ ଅବା ଷ୍ଟେସନ୍ ଛକରେ
ଉଡୁନାହିଁ ପ୍ରଜାପତି ଗୋଟେବୋଲି
କିଚିରି ମିଚିରି କେହି ଡାକୁନାହିଁ
ହାରିଯାଇଥିବା ଏକ ସୈନିକଟେ ପରି
ନିଶ୍ଚଳ ନିର୍ବାକ ସବୁ ଚିତ୍ରିତ ଚଢ଼େଇ
ସବୁ ପାରା ଧଳାପାରା
ସବୁ ଆଜି ପିନ୍ଧିଛନ୍ତି ସଫେଦ ବସନ
ସଫେଦ ଶାଢ଼ୀରେ ସତେ ସହରଟା ଶୋଭାହୀନ
ଶବ୍‌ଦହୀନ ଆଜି ॥

|| ୯୩ ||

ସ୍ୱପ୍ନ ତ ଏ ନୁହେଁ ଜମା
ସତ ପୁଣି ନିଷ୍ଠୁର ସତ
ସଫେଦି ଭିତରେ ଯାଇ ମିଶିଯିବା
ଖଣ୍ଡିଏ ସଫେଦ ଆଉ ବିମଳ ଟୁକୁଡ଼ା
ଧଳାଧଳା ପବନରେ ମିଶିଗଲା ସତେ
ଗୋଧୂଳି, ସଂଧ୍ୟା ଓ ସାରା ଜହ୍ନରାତି
ଫିକା ଆଲୁଅରେ।
ହସନାହିଁ ଟହ ଟହ
ଓଠ ନାହିଁ ଦବିଲା ଦବିଲା
ନାହିଁ ଶବ୍ଦ ଆପଣାର
ନାହିଁ ସେହି ଲେଖନୀ ମୁଖର ॥

॥ ୯୪ ॥

ଖୋଜୁଛି ସେ ହସ ପୁଣି
ଖୋଜୁଛି ମୁଁ ସେଇ ଓଠ ଝର
ଖୋଜୁଛି ହୃଦୟ ସେଇ
ଖୋଜୁଛି ମୁଁ ସେଇ ଛାତି, ସେତେ ଓସାରର
ଅବା ଆସୁ ମିଳିଯାଉ ସେଇ ଛାତି, ସେତିକି କୋମଳ
ମିଳିଯାଉ ସକାଳରେ ଏଇ ସକାଳରେ
ଶିଶୁର କୋମଳ ପାଦେ
ବର୍ଦ୍ଧମାନ ଛାତି କୋଠରୀରେ
ତାରା ସବୁ ବୁଡ଼ିଗଲା ପରେ
ଅଥବା ଓହ୍ଲାଇ ଆସୁ ତରାଟିଏ
ଅଥବା କେ ସୁନେଲି ସକାଳେ
ପତ୍ରଟେ କଅଁଳି ଆସୁ ବଦଳରେ
ଏ ଶୀତର ପ୍ରତିଶୋଧ ପରେ
ପତ୍ରସବୁ ଝଡ଼ି ପଡ଼ିଥାଉ ସହରର
ଅବାକ୍ ଚିତ୍ରଟେ ଫୁଟୁ ଫୁଲପରି
ଭରାପତ୍ର, ଭରା ପାଖୁଡ଼ାରେ ॥

।। ୯୪ ।।

ମୁଁ କହିଲି ମିଛକଥା, ଅସମ୍ଭବ କଥା
ହଠାତ୍ କେମିତି ନିଦ ଆସିଯିବ ସାରା ସହରକୁ ?
କେମିତି ହଠାତ୍ ଯିବ ପତାପଡ଼ି
ଆଖିର ସ୍ୱପ୍ନରେ ଆଉ ସାରା ସହରର
କେମିତି ବା ଲିଭିଯିବ ଆଲ ସବୁ
ଲିଭିଯିବ ସଂଜବତୀ ସବୁ ଚଉରାର ?
ଶବ୍ଦ ବା କେମିତି ଯିବ ଲେଖନୀରୁ ଦୂରେ
ମେଘଠାରୁ ବିଜୁଳିର
ଛିନ୍ନ କେବେ ହେବ କି ସଂପର୍କ ?
ଏ ନାଆ ବାହିଛି ଯିଏ
ବଳଙ୍ଗରେ, ସୁବର୍ଣ୍ଣରେଖାରେ
ଏ ନାଆ ବାଇଛି ଯିଏ
ବାଇଛି ଯେ ଏଠି ନାଆ
ଶବ୍ଦର ଆହୁଲା ମାରି
କରିଛି ଯେ ପାରି ସତେ କରାଳ ଖାଇରୁ
ସେଇ ଶବ୍ଦ, ସେ ଆହୁଲା
ସେ ନାଉରୀ, ସେ ଲେଖନୀ
ପାରେ କରେ ମରି ??

॥ ୯୬ ॥

ଯିବା ଓ ଆସିବା ଆଉ ଆସିବା ଓ ଯିବା
ଆମ ଏଇ ଜୀବନର ଗତିପଥ, ଏଇ ତ ଅୟନ
ହଜାଇ ପାଇବା ଆଉ ପାଇ ହଜାଇବା
ମନେସବୁ ସାଇତିବା, ମନୁଁ ପୋଛିଦେବା
ସ୍ମୃତି ଓ ବିସ୍ମୃତି ଭରା ଛାଇ-ଆଲୁଅର ଏହି ଖେଳ
ହଜାଇବା-ପାଇଯିବା, ପାଇ ହଜାଇବା
ଚଟିଆ ପରିକା ଏଠି ବୁଣା ସବୁ ତାଳ ବରଡ଼ାରେ
ଗୋଟେପରେ ଗୋଟେ ଆଉ
ଅନ୍ୟଟିଏ ଠିକ୍ ତା'ର ତଳେ
ଗୋଟିଏ ବା ଫଲ୍‌ଗୁ ପରି
ଗୋଟିଏ ବା ଚିରସ୍ରୋତା ଏଠି
ବିଚିତ୍ର ବୟନ ଏହି ଜୀବନର
ଆମେ ଛାର ବୁଝିବା କେଉଁଠୁ ?
ମନରେ ସାଇତା ସବୁ ଗୋଟିଗୋଟି
ଏ ଜୀବନ, ଏଇ ମନ, ଏ ଛାତିର ଖେଳ
ହଜିଛି ଖେଳର ନିଶା, ମାନଚିତ୍ର, ଆମ ଏ ମନର
ହଜିଛି ସେଦିନ ସବୁ
ଅଛି ଖାଲି ବିସ୍ମୃତିର ସ୍ମୃତି
ଏଇ ଯାତ୍ରା ତମଲାଗି ମହାଯାତ୍ରା ସିନା
କିପରି ଚାଲିବ ରଥ, ଏଇ ଆମ ରଥ
କିଏ ବା ପାରିବ ହୋଇ
ତୁମପରି ଅଦ୍ୱିତୀୟ ସାରିଷ୍ଟ ସାରଥୀ ? ?

॥ ୯୭ ॥

ଏଠି ଆଜି ଭାରି ଭିଡ଼
ଏଠି ଆଜି ଥକ୍କା ଅଛି ନିସ୍ତେଜ ପଣର,
ବାଟର ନିରାଶା ଅଛି ଦେବଦାରୁ ଗଛ ଛାଇ ଅଛି
ଅଛିବି ଅଶ୍ୱତ୍ଥ ଗଛ ଛାଇ ଆଉ
ଅଛି ବିଷର୍ଣ୍ଣତା।
ଏଣୁ ତୁମେ ସୁସ୍ଥ ହୁଅ ପରମାୟୁ ହୁଅ
ବିଷର୍ଣ୍ଣ ମନରୁ ଦିଅ ଧୋଇପୋଛି
ସବୁ ବିଷର୍ଣ୍ଣତା
ବିଷର୍ଣ୍ଣ-ବିଷର୍ଣ୍ଣ ସବୁ ଲାଗେ ସତେ
ମରଣର ଜୀବନର ଆପସି ବ୍ୟାପାର ଇଏ
ନିରୁତା ଜୀବନ ଇଏ ନିରୁକ୍ତ ମମତା।
ଜୀବନର ଋତୁଚକ୍ରେ ତୁମ ବିନେ ତୁମଠାରୁ ଦୂରେ
ଆଜି ଏଇ ପୃଥିବୀରେ, ଆମ ଜୀବନରେ
ଶୀତ ଅଛି, କୁହୁଡ଼ି ବି ଅଛି
ଦକ୍ଷିଣ ଅୟନ ଗତି ପରେ ପରେ
ଯାତ୍ରା ତୁମ ହେବ ପୁଣି ଉତ୍ତର ଅୟନେ
ଆସିବ ବସନ୍ତ ଫେରି
ସତେ ଆମ ପ୍ରାଣହୀନ ଏଇ ପୃଥିବୀରେ
ଆସିବ କଅଁଳି ଏଠି ନୂତନ ପଲ୍ଲବ
ଫୁଲ ବି ଫୁଟିବ ଏଠି, କଢ଼ିଟିଏ ହେବ
କଢ଼ିରୁ ଫୁଟିବ ଫୁଲ ବାସ ଚହଟିବ
ତରାଟ ଗଛର ଫୁଲ, ମଲ୍ଲିଫୁଲ, ହଳଦିଆ ଗୋରା ଚଂପାଫୁଲ
ଫୁଟିବ ଡାଳରେ ପୁଣି
ଯାହାଅଛି ନିରସ ନିଷ୍ପ୍ରାଣ ॥

॥ ୯୮ ॥

ମୋ ମନ କଳସୀଟାରେ ଧରିବ କି ଏତେ କଥା
ତୁମ ସବୁ ଚିତ୍ର ଆଉ ଶବ୍ଦ ସବୁତକ
ସମସ୍ତ ମନର କଥା, ଫେରି ପୁଣି ଆସିବାର
ଯୋଜନା ଯେତେକ ?
ଏ କଳନା ମୋ ଚେଷ୍ଟାର ବାହାର ଦେଶର
ଏଠାରେ ଏ ପ୍ରଚେଷ୍ଟାରେ
ସାର ଖାଲି ଅନ୍ଧାରରୁ ଅନ୍ଧାରକୁ ଯିବା ।
ହଁ, ବେଳେବେଳେ ବୋଧହୁଏ
ମୁଁ ବୋଧେ ପାରୁଛି ଦେଖି ତୁମ ଆଖି
ତୁମ ସେଇ ଶବ୍ଦର ଇସାରା
ଶବ୍ଦ ପୁଣି ଖେଳୁଥାନ୍ତି ଲୁଚକାଳି ଓ ଦାଇ-ବାଗୁଡ଼ି
କେବେ ଶବ୍ଦ ମୁହଁଦିଶେ
କେବେ ପୁଣି ଆସ୍ତେ ହଜେ ଶବ୍ଦ
ଶବ୍ଦର ହଜିବା ସାଥେ ହଜେ ତୁମ ମୁହଁ
ଦିଶେନି ଅନ୍ଧାରେ କିଛି
ରହିଯାଏ ଅପେକ୍ଷାର ସିଲଟ ଓ ଖଡ଼ି
ରହିଯାଏ କଳସୀଏ ଦରଛିଡ଼ା କଥା
କିଛି କିଛି ଅଙ୍କରୁହେ ମାନସାଙ୍କ ପରି
ଅଥଚ ମିଳେନି ତା'ର ସମାଧାନ, ସ୍ପଷ୍ଟ ଏକ ଚିତ୍ର
ଜ୍ୟାମିତିର 'ପାଏ' ପରି,
ଅପ୍ରକୃତ ଦରଛିଡ଼ା ଭଗ୍ନାଂଶଟେ ପରି
କେତେ ଯେ ଜଟିଳ ସତେ ମାନସାଙ୍କ
କେଡ଼େ କଷ୍ଟ ଝାପ୍‌ସା ଏ ଜ୍ୟାମିତି !!

॥ ୯୯ ॥

ଯିବା ଓ ଆସିବା ଯଦି ସତ ହୁଏ
ଗୋଟେ ପରେ ଗୋଟେ ହୁଏ ଯଦି
ମହାଯାତ୍ରା ହେଉ ତୁମ ବିଶ୍ରାମର ପ୍ରଶାନ୍ତ ଚୌହଦୀ
ହେଉ ଏହି ମହାଯାତ୍ରା ଯେଉଁ ବି ଲଗନେ
ଫେରିଆସିବାର ହେଉ ସଫଳ ଯୋଜନା
ଯୋଜନ ଯୋଜନ ବ୍ୟାପୁ ଜୀବନ ତୁମର ।
ପୂରିଉଠୁ ତୁମଇଚ୍ଛା ତୁମ ଏ ଯାତ୍ରାର
ଜୟ ହେଉ ଧରଣୀର
ଜୟ ହେଉ ତୁମ ଶବ୍ଦଙ୍କର
ଶବ୍ଦ ସବୁ ହଂସ ଛୁଆ
ଚାହୁଁଥିବେ ଖେଳିବାକୁ କାଟି ଏଠି ପାଣିର ସିଆର ।
ରାତିତ ବିଶ୍ରାମ ଲାଗି ସଜଡ଼ା ସେଘରେ
ରାତି ଏକ ସ୍ୱପ୍ନାୟିତ ଆରାମ ବିଛଣା
ରାତି ବି ପ୍ରକୃଷ୍ଟ କ୍ଷେତ୍ର ଯୋଜନାର
ନିରୋଳା ପଣର
ରାତି ବି ଜରାୟୁ ସାଜେ ପ୍ରଶାନ୍ତିର, ଚେତନାର
ନବ ଏକ ଶୁଭ ସକାଳର ।
ଯେତେ ଯେତେ ଭଲରାତି
ଯେତେ ଯେତେ ଆରାମ-ପ୍ରଶାନ୍ତି
ସକାଳ ସେତିକି ଭଲ
ସୂର୍ଯ୍ୟର ଭଲ ସେତେ ସ୍ଥିତି ।

ତୁମେ ଆସ ପୁଣି ଆସ
ଭଲରାତି, ଆରାମ ରାତିଟେ ପରେ
ପ୍ରଶାନ୍ତି ଓ ସନ୍ତୋଷ ପରେ
ଆସ ପୁଣି ତୁମେ ଫେରି
ନୂଆ ଏକ ସ୍ୱରେ ଅବା ନୂତନ ରୂପରେ
ପରନ୍ତୁ ଧରିକି ଆସ ଶବ୍‌ଦ ସବୁ
ଧାତୁରୂପ-ଶବ୍‌ଦରୂପ ସବୁ
ଧରିଆସ ଅବତରି କୁଆଁରଡ଼ି ଅବା ଆଞ୍ଜୁଳାରେ ॥

॥ ୧୦୦ ॥

ତୁମେ ଆସ, ଆଜି ଆସ
ଆସ ତୁମ ଲେଖନୀ ଓ ଶବ୍ଦତକ ଧରି
ସେ ଛାଞ୍ଚ ଶବ୍ଦର ତୁମ କ୍ରିୟାର ତୁମର
ପୃଥିବୀର ପଥେ ଆସ, ଏଇ ଧୂଳିଘରେ
ନନ୍ଦନକାନନୁ ଆସ, ଫେରିଆସ
ଏ ପୁଷ୍ପିତ କାନନକୁ, ଏଇ ଧରଣୀକୁ
ଆସ ଫେରି ତୁମ ସେଇ,
ପଦ ଶବ୍ଦ, କୁଆଁରଡ଼ି, ସେଇ ମନ ମନ୍ଦ୍ରିତ ଝଂକାରେ
ଶତାବ୍ଦୀ ଶତାବ୍ଦୀ ଧରି ଆସୁଥାଅ
ତୁମେ ଆସ, ଆସ ଫେରି
ଶବ୍ଦର ଏ ତେଲ ଆଉ ଲୁଣର ସଂସାରେ
କୋଟିଏ ମଣିଷ ଆଉ ଗୋଟିଏ ଇଚ୍ଛାରେ ।
ତୁମେ ଆସ, ଶୀଘ୍ର ଆସ
ଆସ ସଖା, ସାରଥୀ ଗୋ ଫେରି
ଯେଣୁ ତୁମେ ଗଲାପରେ
ଶୂନ୍ୟଅଛି ସଦ୍ମ ସବୁ- ଅଳିନ୍ଦ-ନିଳୟ ସବୁ
ଭରିଅଛି, ପୂରିଅଛି ଅରଂଧ୍ର ଅଂଧାରେ ॥

॥ ୧୦୧ ॥

ଆସିବ ଅବଶ୍ୟ ଫେରି ଧରି ସେଇ ମାନଚିତ୍ର
ସେଇ ତୁମ ପୁରୁଣା ମନର;
ଜାଣିଛି ଆସିବ ଫେରି ଗାଇ ଗାଇ ଗୀତ ଆଉ
ବାଇ ବୀଣା ମହାଜୀବନର।

ଆସିବ ଅବଶ୍ୟ ଫେରି, ନିଶ୍ଚିତ ତୁମେ
ଆସିବ ଗୋଲାପ ପରି ମାଟିରେ ଉକୁଟି
ପ୍ରଭାତୀ ତାରାର ହସେ
ନୀଳପଦ୍ମ- ନୟନ ବିଳାସେ
ଶିଶୁର କୋମଳ ସ୍ୱରେ
ଶତ ଆତ୍ମା କୋଠରୀକୁ
ଝଂକୃତ-ମୁଖରିତ କରି।

ହଜାଇ ପାଇବା ଆଉ ପୁଣି ହଜାଇବା
ରୀତି ଏଇ ସଂସାରର- ଚାକ୍ରିକ ରୀତି
ଶକ୍ତିର କ୍ଷୟ ନାହିଁ ଯେଣୁ ଏଠି,
ନାହିଁ କ୍ଷୟ ତିଳେ ବସ୍ତୁତ୍ୱର
ହଜିବ କେମିତି ତୁମେ ଏ ସଂସାରେ
ଅଛି ତୁମ ମାନଚିତ୍ର-ପ୍ରାଚୀନ ମନର।

ଶବ୍‌ଦ ସବୁ ଚେଇଁଛନ୍ତି-
ବସିଛନ୍ତି ମୁନି ପରି ମହାସାଧନାରେ
ତପସ୍ୟାରେ ଲୀନ ସବୁ ଗୋଟିଗୋଟି ଶବ୍‌ଦ
କେ ଅଗ୍ନି ସାଧନକରେ ମରୁର କାରାରେ
କେ ଛିଡ଼ା ସେ ଗୋଲାପ କଣ୍ଟାରେ
କେ କରେ ତପସ୍ୟା ଅତି କୃଚ୍ଛ୍ର ଉପାୟରେ
ଗାମୁଛା ଭିଡ଼ିଛି କେହି ନିଜର ଅଣ୍ଟାରେ
କେ ଚାହିଁଛି ଆକାଶକୁ-ଧ୍ରୁବ ତାରାଠାରେ
ଅବା କେ ଚାହିଁଛି ରହି ଅଂଧାର ଗର୍ଭକୁ
ତମରି ପ୍ରତୀକ୍ଷା ତାଙ୍କ ଅନନ୍ତ ସାଧନା
ସିଦ୍ଧ ଯେଣୁ ଶବ୍‌ଦ ସବୁ
ସିଦ୍ଧ ଯେଣୁ ସକାଳ ସୂରୁଜ
ଆସିବ ଲେଉଟି ତୁମେ ଧ୍ରୁବ ସତ୍ୟ
ଆକାଶର ଅଗଣାରେ ପକାଇ ମୁରୁଜ।

ଜାହାଜ ଯାଇଛି ଫେରି, ପୁଣି ସେ ଆସିବ
ଆଣିବ ନୂତନବାର୍ତ୍ତା-ନବ ସମାଚାର
ଏ ଯାତ୍ରା ଉତ୍ତରକାଳେ
ପୁଣି ଏକ ଯାତ୍ରା ଆରମ୍ଭିବ।
ତୁମେ ଆସ, ଫେରିଆସ, ନିଶ୍ଚେ ଫେରିଆସ
ସଂଜୀବନୀ ମନ୍ତ୍ରନେଇ ଶବ୍‌ଦଙ୍କର
ତୁମେ ଆସ ଘେନି ଆସ
ମୂଳ ଶବ୍‌ଦ, ପ୍ରାଚୀନ ସେ ଶବ୍‌ଦ
ଯା'ଠାରୁ ଆରମ୍ଭ ସବୁ ଶବ୍‌ଦଙ୍କର
ସମୟର, ସବୁ ଶତାବ୍ଦୀର
ତୁମେ ଆସ, ନେଇଆସ, ସେଇ ଶବ୍‌ଦଟିକୁ
ହେଉପୁଣି ଅଭିଷେକ- ଉତ୍ସବ ପୁଣି,
ଆଲୋକ ସଂଚରି ଯାଉ ଅମୃତର ପ୍ଲାବନେ, ସିଞ୍ଚନେ,
ଜୟହେଉ ପୃଥିବୀର- ଏଇ ଧରଣୀର,

ଏହି ଯାତ୍ରା ହେଉ ତୁମ ଜୟଯାତ୍ରା
ତୁମର ଓ ସବୁ ଶତାବ୍ଦୀର ।
ଏଇ ଯାତ୍ରା ହେଉ ତୁମ ଜୟଯାତ୍ରା
ଶୁଭ ହେଉ, ସ୍ୱସ୍ତିହେଉ ଦୁଇ ଜଗତର;
ସେ ଯାତ୍ରାୟଣର ଆଉ
ସେପାଖରୁ ଏପାଖକୁ ଲମ୍ବିଥିବା ଏ ଯାତ୍ରାୟଣର
ଆୟୁଷ୍ମାନ, ଯଶବାନ ହେଉ ତୁମ ଶବ୍ଦର ନିକ୍ୱଣ ॥

■

BLACK EAGLE BOOKS

www.blackeaglebooks.org
info@blackeaglebooks.org

Black Eagle Books, an independent publisher, was founded as a nonprofit organization in April, 2019. It is our mission to connect and engage the Indian diaspora and the world at large with the best of works of world literature published on a collaborative platform, with special emphasis on foregrounding Contemporary Classics and New Writing.

Milton Keynes UK
Ingram Content Group UK Ltd.
UKHW040736141124
451149UK00018B/599

9 781645 606086